Bielefelder Schriften zur wirtschaftswissenschaftlichen Praxis

herausgegeben vom
Dekan des Fachbereichs Wirtschaft
der Fachhochschule Bielefeld
Prof. Dr. Axel Benning

Band 4

Corinna Fischer

Einfluss von Live-Musikveranstaltungen auf den Tonträgerkonsum

Eine explorative Studie

Shaker Verlag
Aachen 2006

Bibliografische Information der Deutschen Bibliothek
Die Deutsche Bibliothek verzeichnet diese Publikation in der Deutschen
Nationalbibliografie; detaillierte bibliografische Daten sind im Internet über
http://dnb.ddb.de abrufbar.

ISBN-10: 3-8322-5226-6
ISBN-13: 978-3-8322-5226-7
ISSN 1860-3874

Shaker Verlag GmbH • Postfach 101818 • 52018 Aachen
Telefon: 02407 / 95 96 - 0 • Telefax: 02407 / 95 96 - 9
Internet: www.shaker.de • E-Mail: info@shaker.de

„Ohne Musik wäre das Leben ein Irrtum"

(Friedrich Nietzsche)

Vorwort des Herausgebers

Der Studiengang Wirtschaft am Fachbereich Wirtschaft der Fachhochschule Bielefeld orientiert sich maßgeblich an den Anforderungen der Praxis. Die Studierenden lernen die wissenschaftlichen Grundlagen aller relevanten Fachgebiete, von Absatz bis Wirtschaftsrecht, kennen. Sie finden vielfältige Möglichkeiten vor, sich in Teilgebieten der Betriebswirtschaftslehre zu spezialisieren.

Die vorliegende Schriftenreihe ist ins Leben gerufen worden, um den Austausch zwischen der Hochschule einerseits und der Praxis andererseits zu intensivieren. Darüber hinaus soll Studierenden, die eine exzellente Diplomarbeit verfasst haben, eine Möglichkeit geboten werden, ihre innovativen und kreativen Gedanken einer breiteren Öffentlichkeit mitzuteilen. Schließlich möchte sich der Fachbereich mit der Schriftenreihe auch für die besonders hervorragenden Leistungen der Studierenden bedanken und kommende Generationen motivieren, ihr Studium ebenfalls mit guten Leistungen abzuschließen.

Corinna Fischer geht in ihrer Arbeit der Frage nach, inwiefern Live-Musikveranstaltungen Einfluss auf den Tonträgerkonsum haben. Die Autorin untersucht insbesondere die Frage, ob sich eine Live-Musikveranstaltung positiv auf das Kaufverhalten in Bezug auf die entsprechenden Tonträger auswirkt. Damit, so die Autorin, könnte ein weiterer Ansatzpunkt für Maßnahmen liegen, um der rückläufigen Entwicklung des Tonträgermarktes Einhalt zu gebieten. Die Arbeit wurde von Herrn Harald Ackerschott als Erstgutachter und Herrn Prof. Dr. Uwe Rössler als Zweitgutachter betreut.

Bielefeld, im Juni 2006

Prof. Dr. Axel Benning
Dekan

Ich möchte mich bei allen bedanken, die mich während meiner Arbeit unterstützt haben – dabei denke ich vor allem an meine Familie und an meine Freunde. Mein besonderer Dank gilt Michi, Sören, Steffi, Adela und Kathrin.

Meinen Professoren danke ich für hilfreiche Gespräche und nützliche Anregungen.

Durch die Hilfsbereitschaft meiner Interviewpartner und Befragten erhielt ich wertvolle Erkenntnisse, die maßgeblich zu dieser Arbeit beigetragen haben.

Corinna Fischer

.

Inhaltsverzeichnis

Abbildungsverzeichnis

Tabellenverzeichnis

Abkürzungsverzeichnis

a.a.O.	am angegebenen Ort
Aufl.	Auflage
BGB	Bürgerliches Gesetzbuch
BMG	Bertelsmann Music Group
bzgl.	bezüglich
bzw.	beziehungsweise
ca.	circa
CD	Compact Disc
d.h.	das heißt
DM	Deutsche Mark
DVD	Digital Versatile Disc
e.V.	eingetragener Verein
E-Mail	electronic mail
EMI	Electric and Musical Industries Ltd
etc.	et cetera
€	Euro
f.	folgende
ff.	fortfolgende
GfK	Gesellschaft für Konsumforschung
GmbH	Gesellschaft mit beschränkter Haftung
GVL	Gesellschaft zur Verwertung von Leistungsschutzrechten mbH
ldkv	Bundesverband der Veranstaltungswirtschaft e.V.
IFPI	International Federation of the Phonographic Industry
K	Kategorie
MC	Music Cassette
Mio.	Million
MP3	MPEG-1 Audio Layer 3
MPEG	Moving Picture Experts Group
Mrd.	Milliarde
Nr.	Nummer
PVC	Polyvinylchlorid
R'n'B	Rhythm and Blues

S.	Seite
SACD	Super-Audio-CD
S-O-R	Stimulus-Organismus-Response
UrhG	Urheberrechtsgesetz
Vgl.	Vergleiche
VHS	Video Home System
WWW	World Wide Web
z.B.	zum Beispiel

1. Einleitung

„Musik ist mächtig. Sie nimmt Einfluss auf Herzfrequenz, Blutdruck, Atemtempo und mehr: Ihre Melodie bewegt Herz und Kopf, ihr Rhythmus den Körper."[1]

Musik besitzt die Eigenschaft, Veränderungen im Erleben, Denken, Fühlen und Handeln hervorzurufen. Ein Phänomen, das die meisten Menschen sicherlich schon einmal erfahren haben. Erkenntnisse über die Wirkung von Musik haben bereits Philosophen der Antike niedergeschrieben. So stellte Platon fest: *„Rhythmen und Töne dringen am tiefsten in die Seele und erschüttern sie am gewaltigsten".*[2]

Es ist anzunehmen, dass eine solche Wirkung am intensivsten auftritt, wenn die Musik unmittelbar das Ohr des Hörers erreicht, und zwar live, auf einem Konzert. Eine Live-Musikveranstaltung erschafft eine ganz spezielle Atmosphäre, durch die nicht nur der Hörsinn angesprochen wird. Das Konzert wird zu einem unwiederbringlichen emotionalen Erlebnis.

Der Psychologe Alf Gabrielsson führte eine Studie durch, bei denen die Testpersonen darum gebeten wurden, ihr stärkstes und intensivstes Erlebnis mit Musik niederzuschreiben.[3] Es ergab sich, dass viele der Berichte sich auf eine erlebte Live-Musikveranstaltung bezogen. Gabrielsson verdeutlichte mit dieser Studie, dass ein Konzert eine einzigartige Wirkung auf den Besucher auslösen kann.

Wenn ein Live-Konzert nun eine solch starke emotionale Wirkung erzeugt, ist es nicht auch denkbar, dass der Konzertbesucher – beeinflusst durch das Musikerlebnis – eher dazu neigt, einen Tonträger zu kaufen? Wäre es dann nicht auch sinnvoll, dass sich die Tonträgerindustrie diesen Effekt durch gezielte Maßnahmen zu Nutzen macht, mit dem Ziel, die Tonträgerverkäufe zu intensivieren?

In der vorliegenden Arbeit werde ich mich im Wesentlichen mit diesen Fragen beschäftigen.

---

[1] Quelle: Bundesverband der phonographischen Wirtschaft: Jahrbuch 2005, München 2005, S. 68.

[2] Aus dem Werk „Politeia", um 370 v. Chr.

[3] Vgl. Gabrielsson, A.: „Emotions in Strong Experiences with Music" in „Music and Emotions", a.a.O., S. 433 ff.

2

Darstellung des Problemhintergrunds

Das Interesse der deutschen Bevölkerung an Live-Musik ist in den letzten Jahren gestiegen, was aus der positiven Umsatzentwicklung der Live-Musikbranche abzuleiten ist. Obwohl die Tonträgerbranche mit demselben Gut handelt, nämlich mit dem Gut „Musik", wiesen hier die Umsätze der letzten Jahre eine regressive Entwicklung auf.[4] Die Gründe hierfür sind vielfältig, liegen aber zum großen Teil darin, dass es durch illegale Musikkopien und Internet-Tauschbörsen möglich geworden ist, Musik kostenlos zu konsumieren.[5] Es wurden bereits zahlreiche Maßnahmen umgesetzt, um auf die rückläufigen Tonträgerumsätze zu reagieren. Das Vorgehen gegen die illegale Nutzung von Musik sei hier nur als ein Beispiel genannt. Maßnahmen, die auf einem Zusammenwirken mit der Live-Musikbranche basieren, wurden bislang jedoch nur ansatzweise realisiert.

Zielsetzung der Arbeit

Zielsetzung dieser Arbeit ist es, zu eruieren, ob eine Live-Musikveranstaltung ein weiterer Ansatzpunkt für Maßnahmen sein könnte, um der rückläufigen Entwicklung des Tonträgermarktes Einhalt zu gebieten. Mittels eines empirischen Forschungsprojektes soll herausgefunden werden, ob Live-Musikveranstaltungen einen positiven Einfluss auf den Tonträgerkonsum sowie auf das Hörverhalten der Konsumenten haben. Basierend auf den Ergebnissen werde ich Handlungsempfehlungen erörtern, welche die Absatzerhöhung von Tonträgern unterstützen sollen. Diese Handlungsempfehlungen könnten die Grundlage für eine Entwicklung detaillierter Konzeptionen bieten.

Aufbau der Arbeit

Die vorliegende Arbeit ist im weiteren Verlauf wie folgt gegliedert:
Im zweiten Kapitel gehe ich zunächst auf den deutschen Tonträger- und den Live-Musikmarkt innerhalb der Strukturen des Musikmarktes ein. Es werden hauptsächlich aktuelle Entwicklungen der beiden Märkte aufgeführt. Das darauf folgende Kapitel beinhaltet den empirischen Teil der Arbeit. Es wird vorab der Grundgedanke des Forschungsprojektes beschrieben bevor die marktforschungstheoretischen Grundlagen und die Durchfüh-

---

[4] Vgl. Bundesverband der Veranstaltungswirtschaft (idkv) in Zusammenarbeit mit „Der Musikmarkt": „GfK-Studie zum Konsumverhalten der Konzertbesucher in Deutschland 2004", München 2004, S. 3.

[5] Vgl. Bundesverband der phonographischen Wirtschaft: a.a.O., S. 18 ff.

rung des Forschungsprojektes sowie die Auswertung der Ergebnisse dargestellt werden. Auf Basis der ermittelten Ergebnisse werde ich in Kapitel 4 strategische und operative Handlungsempfehlungen erörtern. Das fünfte Kapitel schließt diese Arbeit mit dem Fazit ab.

2. Der Tonträger- und der Live-Musikmarkt

Gemäß der Zielsetzung dieser Arbeit konzentriere ich mich auf den Tonträger- und den Live-Musikmarkt, welche einen wichtigen Teil der Musikindustrie[6] ausmachen.

Die Einordnung des Tonträger- und des Live-Musikmarktes innerhalb der Marktstruktur der Musikindustrie wird in der nachfolgenden Graphik deutlich.

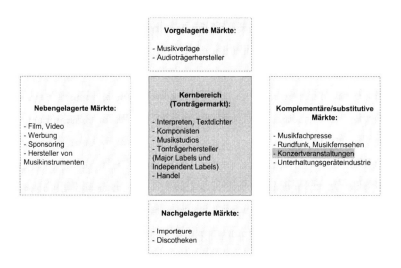

Abbildung 1: Marktstruktur der Musikindustrie[7]

Wie der Abbildung 1 zu entnehmen ist, stellt der Tonträgermarkt den Kernbereich der Musikwirtschaft dar. Die wesentlichen Aufgaben dieses Marktes sind die Speicherung von Musik auf Tonträger sowie die Vervielfältigung und Verbreitung derselben.[8]

Der Live-Musikmarkt beschäftigt sich mit der Organisation von einzelnen Live-Musikveranstaltungen oder von Tourneen[9] und stellt einen komplementären Markt innerhalb der Musikindustrie dar.[10]

---

[6] Die Begriffe „Musikwirtschaft" und „Musikindustrie" werden in dieser Arbeit synonym verwendet.

[7] Quelle: Eigene Abbildung in Anlehnung an Kulle, J.: „Ökonomie der Musikindustrie", 1. Aufl., Frankfurt am Main 1998, S. 119.

[8] Vgl. Kulle, J.: a.a.O., S. 118.

[9] Unter einer Tournee versteht man eine Konzertreise einer Band bzw. eines Musikers, die mehrere Live-Musikveranstaltungen in verschiedenen Städten umfasst.

Es handelt sich bei dem Live-Musik- bzw. dem Tonträgermarkt um zwei in sich geschlossene Märkte innerhalb der Musikindustrie, zwischen denen jedoch gewisse Gemeinsamkeiten und Wechselbeziehungen bestehen. Vor allem das Konzert[11] als Werbemedium für die Tonträgerindustrie begründet die Verbindung der beiden Märkte. Dieses wird in Kapitel 2.2 näher erläutert.

Die Grundlage dieser Arbeit ist eine von der GfK Panel Services Consumer Research GmbH im Auftrag des Bundesverbandes der Veranstaltungswirtschaft e.V. (idkv) durchgeführte Studie zum Konsumverhalten der Konzert- und Veranstaltungsbesucher in Deutschland.[12]

Im Rahmen dieser Studie wurde unter anderem die Entwicklung des Live-Musikmarktes der Entwicklung des Tonträgermarktes gegenübergestellt. Es wurden die Umsätze der Jahre 1995, 1999 und 2003 aufgeführt, wie der nachstehenden Graphik zu entnehmen ist.

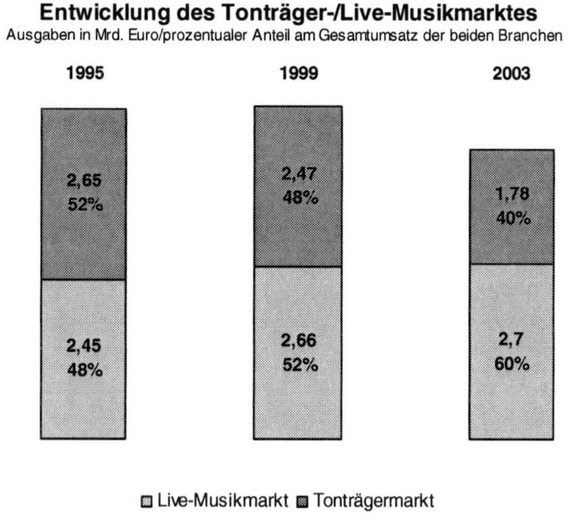

Entwicklung des Tonträger-/Live-Musikmarktes
Ausgaben in Mrd. Euro/prozentualer Anteil am Gesamtumsatz der beiden Branchen

1995	1999	2003
2,65 52%	2,47 48%	1,78 40%
2,45 48%	2,66 52%	2,7 60%

☐ Live-Musikmarkt ▨ Tonträgermarkt

Abbildung 2: Umsatzentwicklung des Tonträger-/Live-Musikmarktes[13]

---

[10] Vgl. Kulle, J.: a.a.O., S. 119.

[11] Die Begriffe „Konzert" und „Live-Musikveranstaltung" werden in dieser Arbeit synonym verwendet.

[12] Vgl. Bundesverband der Veranstaltungswirtschaft (idkv) in Zusammenarbeit mit „Der Musikmarkt": „GfK-Studie zum Konsumverhalten der Konzertbesucher in Deutschland 2004", München 2004, S. 3.

[13] Quelle: Bundesverband der Veranstaltungswirtschaft, a.a.O., S. 3.

Bei dieser Gegenüberstellung lässt sich feststellen, dass die Umsätze der Tonträgerbranche[14] stark rückläufig sind, während hingegen der Live-Musikmarkt geringe Zuwächse verzeichnet. Die Umsätze der Tonträgerindustrie lagen, wie in der Abbildung 2 zu erkennen ist, im Jahre 1995 noch bei 2,65 Mrd. Euro, die für Live-Musik bei 2,45 Mrd. Euro. Mit einem Umsatz von 2,7 Mrd. Euro für das Jahr 2003 liegt die Branche der Live-Musikveranstaltungen nun weit vor der Tonträgerindustrie, die im selben Jahr 1,78 Mrd. Euro erwirtschaftete. Betrachtet man diesen Sachverhalt prozentual, so machte der Tonträgermarkt im Jahr 2003 40% und die Live-Musikbranche[15] dementsprechend 60% des Gesamtumsatzes dieser beiden Branchen aus. Hierbei stellt sich die Frage, worin die Ursachen dieser gegenläufigen Entwicklungen liegen. In den folgenden Unterkapiteln werden die Gründe hierfür eruiert, nachdem jeweils die beiden Märkte und deren aktuelle Entwicklungen dargestellt werden.

---

[14] Die Begriffe „Tonträgerbranche", „Tonträgermarkt" und „Tonträgerindustrie" werden in dieser Arbeit synonym verwendet.

[15] Die Begriffe „Live-Musikmarkt" und „Live-Musikbranche" werden in dieser Arbeit synonym verwendet.

2.1 Der Tonträgermarkt

Um einen Einblick zu verschaffen, mit welchen Medien die Tonträgerindustrie ihre Umsätze generiert, werden im Folgenden die gebräuchlichen Tonträgerformate definiert. Im Anschluss daran wird zum einen die Entwicklung der Tonträgerindustrie in den letzten Jahren dargestellt und zum anderen einige der bereits ergriffenen Maßnahmen, um der zuvor erwähnten regressiven Entwicklung dieses Marktes Einhalt zu gebieten.

2.1.1 Tonträgerformate

Ein Tonträger ist ein Wechselmedium, auf dem Musik physisch gespeichert wird. Es handelt sich um ein komplementäres Gut, was bedeutet, dass das Hören der darauf gespeicherten Musik nur mit einem speziellen Abspielgerät möglich ist.[16] Tonträger lassen sich in zwei Kategorien unterteilen. Abhängig von der Anzahl der Titel unterscheidet man Singles mit zwei bis vier Titeln und Longplayer (LP) mit mehr als vier Titeln.[17] Die nachstehenden Kapitel beinhalten eine Definition folgender Tonträger:

- Vinyl-Schallplatte
- Musikkassette (MC)
- Compact Disc (CD)
- DVD-Audio/Die SACD
- Musik-DVD/Das Musikvideo

Um vorab einen Überblick zu verschaffen, in welchem Jahr die jeweiligen Medien auf dem Markt erschienen, ist im Folgenden ein Zeitstrahl aufgeführt, aus dem die Markteinführung der oben genannten Tonträger abzulesen ist.

---

[16] Vgl. Riedel, J./Schreiter, D.: „Novum Records - Von der Kunst, ein eigenes Label zu gründen", 1. Aufl., Wilhelmshaven 2004, S. 11.

[17] Vgl. Mahlmann, C.: „Struktur des deutschen Tonträgermarktes" in „Handbuch der Musikwirtschaft", Moser, R./Scheuermann, A.: a.a.O., S. 181.

Abbildung 3: Markteinführung der verschiedenen Tonträger[18]

2.1.1.1 Die Vinyl-Schallplatte

Die PVC-Kunststoff-Schallplatte, oder auch Vinyl-Schallplatte genannt, wurde 1951 bereits in den Markt eingeführt, zunächst nur als Single, ab 1954 auch als Longplayer. Bis Ende der 60er, Anfang der 70er Jahre galt sie als der bedeutendste Tonträger.[19] Heutzutage ist die Schallplatte aus Vinyl weitestgehend abgelöst von technisch fortgeschritteneren Formaten. Dagegen ist der Absatz bei speziellen Musikstilrichtungen, wie beispielsweise im Segment Rockmusik, in den letzten Jahren wieder geringfügig gestiegen. Im Gesamtmarkt ist der Absatzanteil von Vinyl-Schallplatten jedoch immer noch relativ klein.[20]

2.1.1.2 Die Musikkassette (MC)

Im Jahr 1963 erschien die Tonbandkassette als alternatives Medium zu der Vinyl-Schallplatte auf dem Tonträgermarkt. Bis 1991 ist der MC-Absatz kontinuierlich gewachsen und überholte Ende der 80er Jahre den Schallplatten-Absatz. Seit 1992 jedoch sind die Absätze, ebenfalls aufgrund der Einführung und Etablierung neuerer Formate, stark rückläufig. Trotz dieser Entwicklung wurden im ersten Halbjahr 2004 immer noch 5,9 Mio. MCs verkauft, was vor allem auf die einfache Bedienung und den geringen Preis dieses Mediums zurückzuführen ist. Insbesondere als Hörspielkassette für Kinder und als Tonträger für Volksmusik ist die MC weiterhin ein beliebtes Medium.[21]

---

[18] Quelle: Eigene Abbildung.

[19] Vgl. Zombik, P.: „Tonträger im Markt der Zukunft" in „Media Perspektiven", Nr. 10, Frankfurt a.M. 1995, S. 498.

[20] Vgl. Mahlmann, C.: a.a.O., S. 184.

[21] Vgl. Mahlmann, C.: a.a.O., S. 184 f.

2.1.1.3 Die Compact Disc (CD)

Das digitale Zeitalter begann im Jahr 1983 mit der Einführung der CD. Durch eine über-zeugende Klangqualität, den geringen Abnutzungserscheinungen im Vergleich zu der Schallplatte und der MC, und durch eine einfache Handhabung, wie z.b. der schnellen Auswahl einzelner Titel, erreichte die CD eine rapide Markteinführung mit massiven Ver-kaufszahlen.[22] Bereits 1990 wurden mit diesem Format die höchsten Umsätze im gesam-ten Tonträgermarkt erzielt. Nach wie vor ist die CD das meistverkaufte Musikmedium und nimmt mehr als die Hälfte der Absatzanteile am gesamten Tonträgermarkt ein (vgl. Abbil-dung 3).[23]

2.1.1.4 Die Musik-DVD/Das Musik-Video

Die Bildtonträger in den Formaten VHS und DVD ermöglichen dem Konsumenten das au-diovisuelle Erfassen von Musik. Die DVD wurde 1996 in den Markt eingeführt. Seit dem Jahr 2000 verzeichnet der Absatz von Musik-DVDs progressive Wachstumsraten und gilt somit als Hoffnungsträger der Musikindustrie.[24] Die Zahl der verkauften VHS-Musikvideos hingegen ist seit dem Jahr 2003 rückläufig. Die Entwicklung des VHS-Formates allgemein ist als stark regressiv zu beurteilen.[25]

2.1.1.5 Die DVD-Audio/Die SACD

Bei diesen beiden Formaten handelt es sich um technische Weiterentwicklungen der CD, welche die Wiedergabe hochauflösender Musikaufnahmen ermöglichen. Die DVD-Audio erschien im Jahre 2000 auf dem Markt, die SACD wurde 2003 in den Tonträgermarkt ein-geführt. Diese neuen Medien bieten die höchste Klangqualität unter den derzeit erhältli-chen Tonträgern. Für die SACD und die DVD-Audio sind spezielle Abspielgeräte erforder-lich, was gegenwärtig den Absatz dieser Medien erschwert.

---

[22] Vgl. Zombik, P.: a.a.O., S. 499.
[23] Vgl. Mahlmann, C.: a.a.O., S. 185.
[24] Vgl. www.ifpi.de, Stand: 14.10.2005.
[25] Vgl. http://www.ifpi.de/jb/2004/umsatz.pdf, Stand: 14.10.2005.

Diese beiden Medien gehören zwar nicht zu den geläufigen Tonträgerformaten, aber da sich die Musikindustrie hier erhebliche Zuwächse verspricht[26], seien sie an dieser Stelle aufgeführt.

Die Absatzanteile der einzelnen, oben definierten Tonträger werden für das Jahr 2004 anhand folgender Abbildung graphisch dargestellt (in Mio. Stück).[27]

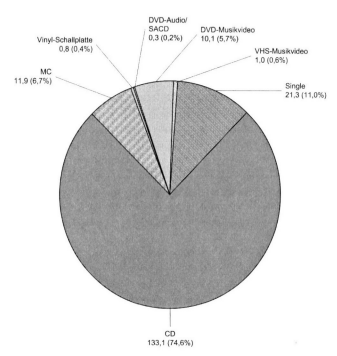

Abbildung 4: Absatzanteile der Tonträgerformate für 2004[28]

Aus der Abbildung 4 wird ersichtlich, dass die CD eindeutig das absatzstärkste Medium des Tonträgermarktes darstellt. Aufgrund dieser Tatsache konzentriert sich die vorliegende Arbeit im Wesentlichen auf das Tonträgerformat CD. Darüber hinaus wird die Musik-DVD als wachstumsstarkes Medium näher betrachtet.

---

[26] Vgl. www.ifpi.de, Stand: 14.10.2005.

[27] Zu den Singles zählen in dieser Abbildung die CD-Single, die Vinyl-Single und die DVD-Single. Die übrigen dargestellten Absatzanteile beziehen sich auf Longplayer.

[28] Quelle: Eigene Abbildung in Anlehnung der Daten des Bundesverbandes der phonographischen Wirtschaft: a.a.O., S. 27.

2.1.2 Die deutsche Tonträgerindustrie

Im Folgenden werden neben der Entwicklung der Tonträgerindustrie auch die Gründe erörtert, die zu den Schwierigkeiten dieser Branche geführt haben. Darüber hinaus werden
einige Gegensteuerungsmaßnahmen geschildert, um einen Einblick zu ermöglichen, mit
welchen vielfältigen Strategien bereits auf die Krise der Musikindustrie reagiert wurde.

2.1.2.1 Aktuelle Entwicklungen

„The only constant in the music business is that it's always changing." [29]

Seit dem Jahr 1997, in dem die Tonträgerbranche knapp 2,6 Mrd. Euro erwirtschaftete, ist
eine negative Umsatzentwicklung zu beobachten, welche im Jahr 2003 mit einem Minus
von 19,8% den Höhepunkt erreichte (vgl. Abbildung 5). Dies macht einen 40%igen Umsatzrückgang seit 1997 aus. Im Jahr 2004 fiel der Umsatz des Tonträgermarktes auf 1,589
Mrd. Euro, was einem prozentualen Rückgang von 3,6 gegenüber dem Jahr 2003 entspricht. Dieser Rückgang ist, verglichen zu den drei Vorjahren, als gering zu bewerten.
Analog zu der regressiven Umsatzentwicklung der gesamten Tonträgerbranche, sank der
CD-Absatz von 196,9 Mio. Stück im Jahr 1997 auf 133,1 Mio. Stück im Jahr 2004.[30] Die
Umsatzentwicklung der Tonträgerbranche und die Absatzentwicklung des Mediums CD
seien in den folgenden Graphiken dargestellt.

---

[29] Vgl. Lathrop, T.: „This business of music marketing & promotion", 1. Aufl., New York 2003, S. 2.

[30] Vgl. Bundesverband der phonographischen Wirtschaft: a.a.O., S. 11 ff.

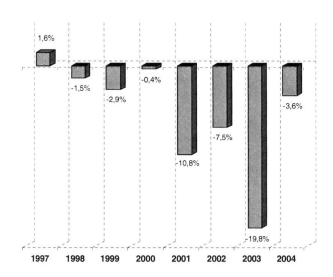

Abbildung 5: Umsatzentwicklung der Tonträgerbranche[31]

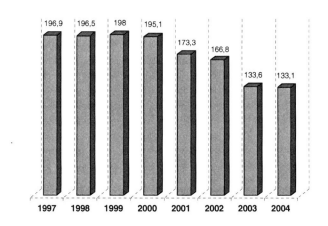

Abbildung 6: Absatzentwicklung von CDs (Longplayer in Mio. Stück)[32]

---

[31] Quelle: Eigene Abbildung in Anlehnung der Daten des Bundesverbandes der phonographischen Wirtschaft: a.a.O., S. 12.

[32] Quelle: Eigene Abbildung in Anlehnung der Daten des Bundesverbandes der phonographischen Wirtschaft: a.a.O., S. 27.

Die insgesamt negative Entwicklung der letzten Jahre ist jedoch kein Indikator dafür, dass das allgemeine Interesse an Musik nachlässt.[33] *„Musik wird immer mehr gehört, aber immer weniger gekauft"*[34], so Gerd Gebhardt, Vorsitzender der deutschen Phonoverbände. Es ist unumstritten, dass eine gewichtige Ursache für die Umsatzrückgänge in der rapiden Verbreitung illegaler Musikkopien liegt. Auf jedes gekaufte CD-Album[35] kommen inzwischen drei kopierte Alben. Heutzutage hat mehr als die Hälfte aller Deutschen Zugriff auf einen CD- oder DVD-Brenner und ca. 90% davon nutzen diesen, um Musik zu kopieren. Im Jahr 2004 wurden 304 Mio. CD- und 13 Mio. DVD-Rohlinge mit Musik bespielt. Wenn die kopierte Musik gekauft worden wäre, hätte sie einen Umsatzwert von ca. 5,5 Mrd. Euro erreicht, mehr als das Dreifache des tatsächlichen Jahresumsatzes[36], wobei berücksichtigt werden muss, dass nicht alle gebrannten CDs auch gekauft worden wären. Außerdem stellt nicht jede gebrannte CD einen Kaufverlust dar. Es gibt sicherlich einige Fälle, in denen das Kopieren einer CD die Kaufentscheidung hervorruft. Tatsache ist jedoch, dass Musik noch nie in solchen Massen kopiert wurde, wie es heutzutage der Fall ist und Substitutionseffekte vorliegen, die zu immensen Kaufverlusten von Tonträgern führen.[37]

Ende der 90er Jahre wurden außerdem die so genannten „Internet-Tauschbörsen" immer populärer. Diese ermöglichen den Benutzern, mit Hilfe des Internet, Zugang zu Musik- und Videodateien auf den Computerfestplatten anderer Tauschbörsenbenutzer zu erlangen. Auf diesem Wege können urheberrechtlich geschützte Lieder kostenlos herunter geladen und konsumiert werden.[38] Das größte und meistgenutzte Angebot war hierbei die Musiktauschbörse „Napster". Der Nutzer konnte nach dem Herunterladen einer kostenlosen Software MP3[39]-Musikdateien mit anderen Nutzern austauschen. Bis zum Jahre 2002, als

---

[33] Vgl. http://www.ifpi.de/, Stand: 17.10.2005.

[34] Quelle: http://www.ifpi.de/, Stand: 17.10.2005.

[35] Als „Album" werden Veröffentlichungen auf Schallplatte oder CD als Longplayer bezeichnet.

[36] Vgl. Bundesverband der phonographischen Wirtschaft: a.a.O., S. 18 ff.

[37] Vgl. Bundesverband der phonographischen Wirtschaft: a.a.O., S. 51 ff.

[38] Vgl. http://www.ifpi.de/, Stand: 17.10.2005.

[39] MP3 ist ein Software-basiertes Audio-Kompressionsverfahren, mit dessen Hilfe CD Musiktitel in kompakte Computer-Dateien umgewandelt werden können und auf diesem Wege komfortabel und, hinsichtlich der Wiedergabequalität verlustarm über das Internet verbreitet werden können. Vgl. http://www.wissen.de, Stand: 17.10.2005.

der kostenlose Download-Dienst aufgrund zahlreicher Klagen der Musikindustrie abgeschaltet wurde, verzeichnete Napster 38 Mio. Nutzer weltweit.[40]

Eine weitere Ursache für die Umsatzrückgänge des deutschen Tonträgermarktes liegt, laut des Jahreswirtschaftsberichtes der phonographischen Wirtschaft, beispielsweise in den Radiosendern, die im Wesentlichen nicht besonders vielfältig und innovativ in ihrer Programmauswahl sind und zumeist die Anzahl an gespielten Titeln sehr beschränken. Somit haben viele Musikstücke, die vielleicht Anklang bei einigen Hörern gefunden und zu einer Kaufentscheidung geführt hätten, keine Chance, an die Öffentlichkeit zu gelangen. Insbesondere mangelt es daran, dass nationale Musik gesendet wird. Im Jahr 2004 wurde das Radioprogramm in Deutschland so stark von internationalen Musiktiteln dominiert, dass deutschsprachige Neuheiten lediglich einen Anteil von 4,9% ausmachten.[41]

Auch der Musikindustrie selber wird ein Verschulden bezüglich der rückläufigen Umsatzzahlen der letzten Jahre zugesprochen. Als Beispiel hierfür sei genannt, dass die Majors[42] anfangs kein Engagement hinsichtlich des Musik-Angebots im Internet zeigten. Die ersten im Jahr 1998 von den Majors realisierten Download-Angebote beliefen sich auf 60 DM pro Album, während sich einige Millionen Konsumenten bereits kostenlos die Musik aus illegalen Tauschbörsen herunter luden. Die erste physische Distribution von Tonträgern über das Internet seitens der Majors wurde Ende 1998 realisiert. Jedoch lizenzierten sich die Labels[43] gegenseitig nicht ihre Titel, so dass beispielsweise Sony und Universal[44] in ihrem gemeinsamen Online-Handel keine Titel der anderen Majors anboten. Dieses Angebot war dementsprechend von geringem Interesse für die Konsumenten und der Online-Handel

---

[40] Vgl. Renner, T.: „Kinder, der Tod ist gar nicht so schlimm! Über die Zukunft der Musik- und Medienindustrie", 1. Aufl., Frankfurt/Main 2004, S. 154 ff.

[41] Vgl. http://www.ifpi.de/news/news-576.htm, Stand: 17.10.2005.

[42] „Majors" oder „Major-Labels" sind große, international organisierte Tonträgerfirmen, welche über eine globale Vertriebsorganisation verfügen. Vgl. Schmidt, C.: „Organisation des deutschen Tonträgermarktes" in „Handbuch der Musikwirtschaft", Moser, R./Scheuermann, A.: a.a.O., S. 209.

[43] Ein Label ist eine Art Marke, unter der eine Tonträgerfirma ihre Produkte veröffentlicht. Im Laufe der Jahre wurde der Begriff simultan zu der Tonträgerfirma verwendet. Vgl. http://www.indigo.de/ueber_uns/4/, Stand: 19.10.2005.

[44] Sony BMG Music Entertainment und Universal Music Group gehören zu den vier Majors der Musikindustrie. Die anderen Majors sind EMI Music Group und Warner Music Group. Vgl. Schmidt, C.: „Organisation des deutschen Tonträgermarktes" in "Handbuch der Musikwirtschaft", Moser, R./Scheuermann, A.: a.a.O., S. 209.

der Majors wurde bereits kurze Zeit später wieder eingestellt.[45] *„Aus Sorge um das alte Geschäftsmodell ignorierte die Musikwirtschaft die Realität"*[46], so Tim Renner, ehemaliger Konzernchef des Major-Labels Universal.

Obwohl die Entwicklung der letzten Jahre grundsätzlich als negativ zu beurteilen ist, gibt es doch Lichtblicke für die deutsche Tonträgerindustrie. So ist derzeit ein großer Erfolg deutscher Künstler zu verzeichnen, wenn man die Anzahl der abgesetzten Alben des letzten Jahres betrachtet. Laut des Sony BMG-Europachefs Maarten Steinkamp gibt es in diesem Sektor ein großes, unausgeschöpftes Potential.

Einen weiteren Anlass zur Hoffnung bezüglich der Regenerierung des Tonträgermarktes gibt auch, wie schon in Kapitel 2.1.1.5 erwähnt wurde, die Musik-DVD. Im letzten Jahr belief sich der Absatz dieses Tonträgers erstmals auf über 10 Mio. Stück (vgl. Abbildung 7). Das Geschäft mit musikrelevanten Produkten rund um die DVD, wie Musikvideos, Konzert-Mitschnitte oder Opernaufnahmen, verzeichnen bemerkenswerte Wachstumsraten.[47] Der nachstehenden Abbildung ist die Absatzentwicklung von Musik-DVDs seit dem Jahr 2000 zu entnehmen.

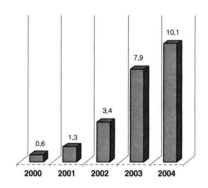

Abbildung 7: Absatzentwicklung von Musik-DVDs (Longplayer in Mio. Stück)[48]

---

[45] Vgl. Renner, T.: a.a.O., S. 140 ff.

[46] Quelle: Renner, T.: a.a.O., S. 198.

[47] Vgl. Stein, T.: „Music made in Germany" in „Handbuch der Musikwirtschaft", Moser, R./Scheuermann, A.: a.a.O., S. 37.

[48] Quelle: Eigene Abbildung in Anlehnung der Daten des Bundesverbandes der phonographischen Wirtschaft: a.a.O., S. 27.

Das neue Geschäftsfeld des mobilen Musikmarktes stellt ebenfalls einen Hoffnungsträger des Musikmarktes dar. Hierbei handelt es sich um den Vertrieb von Musikaufnahmen als Handy-Klingelton, den so genannten „Realtones". Der Umsatz in diesem Bereich, welcher für das Jahr 2004 noch nicht ausgewiesen ist, wird auf mehr als 10 Mio. Euro geschätzt.[49]

Trotz dieser Lichtblicke, die hauptsächlich seit dem Jahr 2004 zu verzeichnen sind, sollte man nicht ignorieren, dass sich die Tonträgerbranche noch immer in einer Krise befindet. Die Konsequenzen tragen die Tonträgerhersteller und der Handel, welche allein im vergangenen Jahr mehrere hundert Arbeitsplätze abbauen mussten.[50] Viele Fachhändler waren gezwungen, ihr Geschäft zu schließen, Einzelhändler verkleinerten ihre Verkaufsfläche für Tonträger oder gaben diesen Bereich vollständig auf.[51] Vor allem betroffen sind die Musiker, deren finanzielle Existenz oft von dem Tonträgerverkauf abhängt, aber auch der Staat, welcher durch Privatkopien und Musikpiraterie jährlich mehrere 100 Mio. Euro Steuereinnahmen verliert.[52]

2.1.2.2 Die Gegensteuerungsmaßnahmen der Musikbranche

Die regressive Entwicklung des Tonträgermarktes hat viele Fachleute dazu veranlasst, zu reagieren und Maßnahmen durchzusetzen, die dazu verhelfen sollen, weitere Rückläufigkeiten zu verhindern und den Absatz von Tonträgern zu intensivieren.
Beispielsweise hat sich die Einführung von technischen Kopierschutzsystemen auf CD, welche die Herstellung von unautorisierten Vervielfältigungen unterbinden soll, im Jahr 2002 in Deutschland durchgesetzt. Seit September 2003 untersagt das Urheberrechtsgesetz die Umgehung von Kopierschutzsystemen.[53] Diese Systeme erfüllen jedoch nur bedingt ihren Zweck, da es dem Endverbraucher durch Einsatz entsprechender Computersoftware möglich ist, diese Schutzmechanismen zu umgehen.
Darüber hinaus intensivieren sich die Bemühungen, das Herunterladen von Musik aus illegalen Tauschbörsen einzudämmen.[54] Es wurden bislang rund 2000 Strafanzeigen gegen

---

[49] Vgl. Bundesverband der phonographischen Wirtschaft: a.a.O., S. 13.
[50] Vgl. Bundesverband der phonographischen Wirtschaft: a.a.O., S. 31.
[51] Vgl. Wesendorf, A.: „Vertriebsstrukturen und Situation des Handels" in „Handbuch der Musikwirtschaft", Moser, R./Scheuermann, A.: a.a.O., S. 329.
[52] Vgl. Bundesverband der phonographischen Wirtschaft: a.a.O., S. 24.
[53] Vgl. § 95a I UrhG, 2003.
[54] Vgl. Stein, T.: a.a.O.; S. 20.

18

illegale Musikanbieter im Internet erhoben, welche die Zahlung von Schadensersatz zur Folge hatten.[55]

Der legale Musikmarkt im Internet stellt eine weitere Gegensteuerungsmaßnahme dar. Immer mehr Labels stellen Titel ihrer Künstler zum Herunterladen auf ihre Homepage oder lassen ihre Musik von Download-Anbietern kostenpflichtig vertreiben. Der deutsche Marktführer in diesem Segment ist die T-Online-Tochter Musicload, die einzelne Songs ab einem Preis von 0,99 Euro bzw. ganze Alben ab 9,95 Euro anbietet.[56] Im Jahr 2004 startete Sony BMG eine Preiskampagne, in der CDs in drei unterschiedlichen Preiskategorien angeboten wurden. Die Ausstattung der CD variierte je nach Kategorie. So wurde eine Basic-Version für 9,99 Euro, eine Standard-Variante für 12,99 Euro und eine Premium-Ausgabe zu dem Preis von 16,99 Euro veröffentlicht. Der Kunde erwarb bei dem Kauf einer Standard- bzw. Premium-Ausgabe zusätzliches Material wie beispielsweise unveröffentlichte Bonus-Titel, ein Poster oder einen Gratis-Klingelton. Das Ziel dieser Preisinitiative war, ein breiteres Angebot zu schaffen, welches auf der einen Seite den preissensiblen Konsumenten anspricht, auf der anderen Seite den anspruchsvollen Musikfan, der bereit ist, mehr Geld für ein attraktiveres Produkt zu bezahlen.

Eine weitere Maßnahme zur Intensivierung der Tonträgerverkäufe ist die Forderung der deutschen Musikwirtschaft, sowie mehr als 600 Künstlern nach einer Radioquote für eine größere musikalische Vielfalt. Hierbei werden die Rundfunkanstalten aufgefordert, einen Anteil von 35% deutscher und deutschsprachiger Musik unter angemessener Berücksichtigung von Neuheiten zu senden. Als Vorbild gilt hierbei der französische Musikmarkt, wo sich eine solche Quotenregelung bereits vor einigen Jahren durchgesetzt hat.[57]

Einige der oben aufgeführten Konzepte haben bereits Erfolge erzielt. So war beispielsweise ein Rückgang illegaler Downloads von über 600 Mio. im Jahr 2003 auf 382 Mio. im Jahr 2004 zu verzeichnen. Die Anzahl legaler Downloads lag im vergangenen Jahr bei rund 8 Mio., welche einen Marktwert von über 10 Mio. Euro erzielten.[58] Ohne dieses Geschäftsfeld hätte der Umsatzrückgang 2004 bei 4,3% gelegen, wodurch der Erfolg dieser Maßnahme dokumentiert wird.[59] Auch die Preiskampagne von Sony BMG ergab ein positives

---

[55] Vgl. http://www.ifpi.de/, Stand: 24.11.2005.
[56] Vgl. http://www.musicload.de/, Stand: 19.10.2005.
[57] Vgl. Bundesverband der phonographischen Wirtschaft: a.a.O., S. 45 f.
[58] Vgl. http://www.ifpi.de/news/pdf/pr_ifpi.pdf, Stand: 19.10.2005.
[59] Vgl. http://www.ifpi.de/news/news-576.htm, Stand: 19.10.2005.

Ergebnis. Die Verkaufszahlen der Aktions-Alben waren bedeutend höher als die der Vorgänger-Alben. Der Musikkonzern Universal setzt derzeit ein ähnliches Konzept um.[60]

---

[60] Vgl. http://www.n-tv.de/293265.htm, Stand: 31.10.2005.

20

2.2 Der deutsche Live-Musikmarkt – Aktuelle Entwicklungen

Der Live-Musikmarkt umfasst die Organisation von Konzerten. Unter einem Konzert oder einer Live-Musikveranstaltung versteht man die „öffentliche Aufführung von Musik, meist gegen Entgelt und in einem bestimmten Rahmen (Saal, Freilichtbühne usw.). Die Musik ist um ihrer selbst willen Anlass der Veranstaltung, im Unterschied zu ihrer Aufführung bei Tanzveranstaltungen (…) oder in Restaurants, oder ihrer Verbindung mit anderen Formen der Bühnenpräsentation wie beispielsweise bei der Operette, dem Musical oder dem Varieté."[61]

Der Markt für Live-Musikveranstaltungen ist ein kontinuierlicher Wachstumsmarkt. Von 1995 bis 2003 stieg der Umsatz von 2,45 Mrd. Euro auf 2,7 Mrd. Euro, was einem Wachstum von mehr als 10% entspricht. Im Jahr 2003 wurden in Deutschland 142 Mio. Konzertkarten für Musikveranstaltungen verkauft. Die Anzahl der Käufer belief sich auf 33,8 Mio., welche im Schnitt folglich 4,2 Karten erwarben. Der durchschnittliche, von der GfK ermittelte Ticketpreis betrug 19 Euro.[62]

Es bleibt zu berücksichtigen, dass sich innerhalb der Entwicklung des Gesamtumsatzes für Live-Musik die Umsatzanteile der einzelnen Veranstaltungsarten verändert haben. Von 1999 auf 2003 stiegen beispielsweise die Umsatzanteile für Jazz/Blues/Folk/Gospel, Hard-Rock/Crossover/Heavy Metal und Volksmusik, während die Umsatzanteile für Schlager, Dance/Techno, Rock/Pop und Klassik in diesem Zeitraum fielen. Die Anteile der anderen Veranstaltungsarten veränderten sich nur unwesentlich.[63]

Es wäre neben der Umsatzentwicklung des Live-Musikmarktes interessant, Mengen- und Preisentwicklungen von Konzertkarten hinzuzuziehen. So ist z.B. durchaus denkbar, dass die Menge verkaufter Konzertkarten in den letzten Jahren in etwa gleich geblieben ist und die positive Umsatzentwicklung lediglich auf eine Preiserhöhung zurückzuführen ist. Trotz einschlägiger Bemühungen war es mir leider nicht möglich, offizielles Zahlenmaterial zu akquirieren. Nach Aussagen des statistischen Bundesamtes, der GfK, sowie diversen Konzertagenturen existieren diesbezüglich keine allgemeinen Zahlen für den deutschen Live-Musikmarkt, so dass in dieser Arbeit hierüber keine Aussagen getroffen werden kön-

---

[61] Quelle: Wicke, P./Ziegenrücker, K./Ziegenrücker, W.: „Handbuch der populären Musik", 3. Aufl., Wiesbaden 1997, S. 281.

[62] Vgl. Bundesverband der Veranstaltungswirtschaft, a.a.O., S. 4.

[63] Vgl. Bundesverband der Veranstaltungswirtschaft, a.a.O., S. 3 ff.

nen. Im Rahmen späterer Befragungen habe ich zudem Fachleute der Musikbranche nach ihrer Einschätzung bezüglich einer Begründung der positiven Umsatzentwicklung des Live-Musikmarktes befragt. Neben einer Erhöhung der Preise von Konzertkarten führten vier der fünf Befragten diese Entwicklung gemäß ihrer persönlichen Beurteilung auf ein größeres Angebot seitens des Live-Musikmarktes zurück. Dies hat wiederum eine höhere Anzahl verkaufter Konzertkarten zur Folge. So begründete einer der Befragten: *„Die deutschen Veranstalter leisten sehr gute Arbeit und sind darauf bedacht, dem Konsumenten Anreize zu geben, zu Konzerten zu gehen. Sie buchen Bands, die gefragt sind, die auch auf das Interesse des Publikums stoßen, und sie sind bereit, Experimente zu starten und neue Pfade zu betreten."*[64]

Eine weitere mögliche Erklärung für die steigenden Ausgaben der deutschen Bevölkerung für Live-Musik ist meines Erachtens das Phänomen des Wertewandels unserer Gesellschaft. Das Bedürfnis der Konsumenten nach Selbstverwirklichung und emotionalem Erleben steigt, womit eine zunehmende Erlebnis-, Genuss- und Freizeitorientierung verbunden ist.[65] Ein Live-Konzert ist ebenfalls ein emotionales Freizeiterlebnis und müsste somit als logische Konsequenz dieses Wertewandels einen höheren Stellenwert erlangen.

Unabhängig von der Ursache dieser positiven Entwicklung bleibt in jedem Fall festzuhalten, dass sich die Umsätze der Live-Musikbranche erhöht haben und somit eine Bereitschaft der Konsumenten, mehr Geld für Live-Musikveranstaltungen auszugeben, vorhanden ist. Der Live-Musikmarkt ist dementsprechend nicht betroffen von der allgemeinen Krise der Musikindustrie.

Das Veranstaltungsgeschäft stellt weiterhin für viele Künstler die wichtigste Einnahmequelle dar. Viele Bands verkaufen mittlerweile mehr Konzertkarten als Tonträger. Für den Großteil heutzutage produzierter Musik wird nicht über herkömmliche Massenmedien geworben. So wurde beispielsweise in Kapitel 2.1.2.1 geschildert, dass die Radiosender durch ihre eingeschränkte Programmauswahl für viele Bands nicht als Werbemedium fungieren. Der Live-Auftritt stellt oft die wichtigste Promotions-Plattform dar und gewinnt dementsprechend mehr und mehr an Bedeutung.[66]

---

[64] Vgl. Anhang: Experteninterview 4.

[65] Vgl. Kroeber-Riel, W./Weinberg, P.: „Konsumentenverhalten", 8.Aufl., München 2002, S. 124.

[66] Vgl. Michow, J.: „Eine Branche lernt Selbstbewusstsein" in „Der Musikmarkt", Nr. 21, 23.05.2005, Hamburg, S. 14.

3. Das Forschungsprojekt

Dieses Kapitel umfasst den empirischen Teil der vorliegenden Arbeit. Es werden zunächst Ausgangspunkt und Inhalt des Forschungsprojektes erläutert. In den darauf folgenden Unterkapiteln werden die marktforschungstheoretischen Grundlagen sowie die Durchführung der empirischen Untersuchung und die Auswertung der Ergebnisse dargestellt.

3.1 Ausgangspunkt und Inhalt des Forschungsprojektes

Es wurden bereits viele Untersuchungen durchgeführt, welche sich mit dem Mechanismus beschäftigen, der einsetzt, wenn die Musik das Ohr des Hörers erreicht und den psychischen Prozessen, die von den jeweiligen Testpersonen daraufhin ausgelöst wurden.[67] Eine Studie über emotionale Reaktionen, hervorgerufen durch das Hören von Musik, sei an dieser Stelle näher erläutert. Ende der 80er Jahre wurde von dem amerikanischen Psychologen Alf Gabrielsson das „Strong Experiences of Music Project"[68] durchgeführt. Es wurden rund 300 zufällig ausgewählte Personen gebeten, ihr stärkstes und intensivstes Erlebnis mit Musik niederzuschreiben. Die von den Testpersonen genannten Phänomene wurden anschließend einer begrenzten Anzahl an Kategorien zugeordnet. Die am meisten genannten Reaktionen auf das jeweilige Musikerlebnis waren Tränen, zumeist assoziiert mit positiven Gefühlen. Außerdem wurden häufig Kälte- und Wärmeschauer, Gänsehaut, Transpirationen, Muskelentspannungen, Herzrasen usw. angegeben. Des Weiteren wurde von den Testpersonen berichtet, dass sie es oftmals nicht hätten unterdrücken können, zu der Musik zu tanzen, zu singen, zu schreien, zu lachen oder die Augen zu schließen und langsam atmend sowie sprachlos von den überwältigenden Gefühlen der Musik hingerissen gewesen zu sein. Das Musikerlebnis wurde beispielsweise als intensives Lebensgefühl, als Verschmelzen mit der Musik, Freiheits- oder Gemeinschaftsgefühl oder Gedankenlosigkeit beschrieben. Es ist weiterhin auffällig, dass, wie bereits in der Einleitung erwähnt, viele der Berichte sich auf eine erlebte Live-Musikveranstaltung beziehen. Gabriellson schlussfolgerte: *"That music is one of the most effective triggers of strong*

[67] Vgl. Gembris, H.: „Wirkung von Musik – Musikpsychologische Forschungsergebnisse", in „Mensch und Musik", Hofmann, G./Trübsbach, C., 1. Aufl., Augsburg 2002, S. 9ff.; Juslin, P./Sloboda, J.: „Music and Emotions", 1. Aufl., Oxford 2001.

[68] Vgl. Gabrielsson, A.: „Emotions in Strong Experiences with Music" in „Music and Emotions", a.a.O., S. 433 ff.

emotional experiences is amply confirmed by several studies. (...) The power of music is a cliché that has considerable validity.[69]

Ebenfalls wurde anhand biologischer und medizinischer Studien bewiesen, dass das Hören von Musik einen großen Einfluss auf das autonome Nervensystem, die Immunfunktionen des Körpers, den Blutdruck usw. hat.[70] Ausgehend von diesen wissenschaftlichen Erkenntnissen entstand meine Idee, dass das Erleben von Live-Musikveranstaltungen ein weiterer Ansatzpunkt sein könnte, um die Tonträgerverkäufe zu steigern. Es ist anzunehmen, dass Musik nirgends so nah und intensiv erfahren wird, wie auf einem Konzert. Dementsprechend ist es denkbar, dass die oben erwähnten Phänomene noch intensiver auftreten, wenn Musik im Rahmen eines Konzertes erlebt wird. Es stellt sich nun die Frage, ob diese emotionalen Reaktionen nicht auch eine Aktion in Form eines Tonträgerkaufes auslösen können. Hier lässt sich zur Erklärung das S-O-R-Modell[71] anbringen. Dieses Modell dient als Erklärungsansatz des Käuferverhaltens. Es wird zunächst unterstellt, dass der Konsument bestimmten Stimuli ausgesetzt ist, wie beispielsweise Werbemedien oder Umwelteinflüssen. Die Verarbeitung dieser Stimuli erfolgt im Organismus, welcher den psychischen Vorgängen im Individuum entspricht. Dieser ist geprägt durch Motive, Wahrnehmungsvorgänge, Emotionen, kognitive Prozesse, soziales Umfeld etc. Die Reaktion (Response) auf diese psychischen Prozesse kann nun beispielsweise der Kauf eines Produktes, die Auswahl der Einkaufsstätte oder die Inanspruchnahme einer Dienstleistung sein.[72]

Dieses S-O-R-Modell lässt sich auf das dieser Arbeit zugrunde liegende Forschungsprojekt übertragen. Dies sei in folgender Abbildung dargestellt.

Abbildung 8: S-O-R-Modell bezogen auf das Forschungsprojekt[73]

---

[69] Quelle: Gabrielsson, A.: a.a.O., S. 448.

[70] Vgl. Scherer, R./Zentner, M.: „Emotional effects of music: production rules" in „Music and Emotions", Juslin, P./Sloboda, J., a.a.O., S. 374.

[71] „S-O-R" steht für Stimulus-Organismus-Response.

[72] Vgl. Weis, H.: „Marketing", 12. Aufl., Ludwigshafen 2001, S. 64 ff.

[73] Quelle: Eigene Abbildung.

Der Stimulus stellt in diesem Modell das Musikerlebnis dar, welches auf einem Live-Konzert erfahren wird und auf den Besucher wirkt. Dieser wird im Organismus verarbeitet, wobei es sich um psychische Prozesse, vorwiegend Emotionen und damit einhergehende körperliche Erregungen handelt, die durch das Erleben der Musik ausgelöst werden. Diese Prozesse wurden bereits, wie oben geschildert, auf unterschiedliche Art und Weise von Wissenschaftlern untersucht.

Das Forschungsprojekt fokussiert sich auf den zweiten Teil des Modells, welches sich auf das Verhalten des Konsumenten (Response) als Ergebnis des Reizes – dem Live-Musikerlebnis – bezieht. Gemäß der Zielsetzung dieser Arbeit beschränke ich mich auf den Kauf von Tonträgern sowie der Intensivierung des Hörverhaltens als mögliche Reaktion auf die psychischen Prozesse. Auch ist beispielsweise ein erneuter Konzertbesuch als Response denkbar. Da dieses jedoch nicht von Interesse für das Forschungsziel ist, werden weitere denkbare Reaktionen auf ein Live-Musikerlebnis nicht näher betrachtet.

Das Verhalten von Konsumenten wird in erheblichem Maße von Emotionen bestimmt.[74] Das Ziel der empirischen Untersuchung ist es nun herauszufinden, ob die psychischen Prozesse, ausgelöst durch eine erlebte Live-Musikveranstaltung, das Verhalten der Konsumenten insofern beeinflussen können, als dass sie eher dazu neigen, einen Tonträger zu erwerben. Darüber hinaus wird untersucht, ob ein Konzert einen positiven Einfluss auf das Hörverhalten hat, da dieses ebenfalls die Grundlage für einen Tonträgerkauf darstellen kann, wie in späteren Ausführungen näher erläutert wird.

Es ist weiterhin denkbar, dass der Konsument aufgrund einer bevorstehenden Live-Musikveranstaltung dazu neigt, einen Tonträger zu erwerben. Auch diese Möglichkeit eines Einflusses, schon vor dem Stattfinden der Veranstaltung, wird in dem Forschungsprojekt untersucht.

Im Rahmen des Forschungsprojektes werden außerdem weitere Untersuchungen durchgeführt, die konkret auf die Formulierung späterer Handlungsempfehlungen abzielen.

Die oben beschriebenen Inhalte des Forschungsprojektes sind in der folgenden Graphik zusammenfassend dargestellt.

---

[74] Vgl. Homburg, C./Krohmer, H.: „Marketingmanagement", 1. Aufl., Wiesbaden 2003, S. 37 ff.

Abbildung 9: Inhalte des Forschungsprojektes[75]

Die Untersuchungen des Forschungsprojektes beziehen sich, wie in nachstehender Abbildung dargestellt, zum einen auf die Konsumentenseite in Form einer quantitativen Befragung der Konsumenten von Live-Musik. Zum anderen werden Fachleute der Musikbranche befragt. Dies geschieht in Form von qualitativen Experteninterviews.

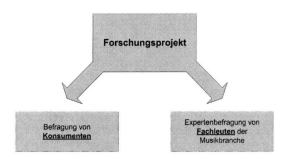

Abbildung 10: Aufbau des Forschungsprojektes[76]

---

[75] Quelle: Eigene Abbildung.

[76] Quelle: Eigene Abbildung.

3.2 Die quantitative Online-Befragung in der Theorie

Das im vorherigen Kapitel beschriebene Forschungsprojekt beginnt mit der Befragung der Konsumenten. Die empirische Untersuchung erfolgte in Form einer quantitativen, internetbasierten Umfrage. Als Grundlage wird hierzu zunächst die Online-Befragung in der Theorie der Marktforschung vorgestellt.

3.2.1 Forschungsmethoden und Untersuchungsdesigns

In der Marktforschung unterscheidet man zwischen der quantitativen und der qualitativen Forschungsmethode. Erstere hat die Gewinnung von Merkmalsverteilungen, basierend auf zumeist repräsentativen Stichproben zum Ziel. Bei dieser Methode steht die Beantwortung von „wie viel"- oder „wie oft"-Fragen im Mittelpunkt. Qualitative Erhebungen hingegen klären schwerpunktmäßig „warum"-Fragen, welche Aufschluss über Ursachen oder Motive eines Problems geben sollen. Hierbei steht weniger das Messen im Vordergrund, sondern vorrangig die Sammlung möglichst vielfältiger und qualitativ hochwertiger Daten. Im Gegensatz zu der quantitativen Forschung findet diese Methode in der Regel auf Basis geringer Fallzahlen statt.[77]

Weiterhin wird zwischen der Sekundär- und der Primärerhebung unterschieden. Bei der Sekundärforschung werden die Informationen aus bereits vorhandenem Datenmaterial, wie beispielsweise amtlichen Statistiken, gewonnen. Gegenstand der Primärforschung hingegen ist die Beschaffung neuen Datenmaterials. Die geläufigsten Methoden hierzu sind die Befragung, die Beobachtung und das Experiment.[78] Da im Rahmen dieser Arbeit nur auf die Methode der Befragung zurückgegriffen wird, werden die anderen beiden Methoden nicht weiter ausgeführt.

Innerhalb der Befragung differenziert man zwischen der mündlichen bzw. persönlichen, der telefonischen, der schriftlichen und der Online-Befragung, wobei in diesem Kapitel nur letzteres thematisiert wird.

Die Online-Befragung ist dadurch gekennzeichnet, dass die Testpersonen den Fragebogen Online am Bildschirm ausfüllen und anschließend zurücksenden. Im Vergleich zu den eben erwähnten traditionellen Befragungsarten, sind bei der Online-Umfrage zahlreiche

---

[77] Vgl. Kepper, G.: „Qualitative Marktforschung", 1. Aufl., Wiesbaden 1994, S. 17 ff.

[78] Vgl. Böhler, H.: „Marktforschung", 3. Aufl., Stuttgart 2004, S. 85.

Besonderheiten zu beachten[79], auf die vor allem in den Kapiteln 3.1.3 und 3.1.4 näher eingegangen wird.

Neben der Unterteilung in oben genannte Forschungsmethoden lässt sich ein Marktforschungsprozess weiterhin in drei Untersuchungsdesigns einteilen. Bei der deskriptiven Untersuchung werden Tatbestände möglichst genau erfasst und beschrieben.[80] Das Forschungsziel ist detailliert festgelegt und es besteht der Anspruch an eine hohe Genauigkeit der Ergebnisse.[81] Die explorative Methode dient dazu, zumeist noch relativ unerforschte Sachverhalte zu erkunden. Hierzu werden oft Zusammenhänge zwischen Variablen untersucht. Bei diesem Untersuchungsdesign geht es mehr um die Bildung von Theorien und Hypothesen als um die Prüfung selbiger.[82] Das dritte Untersuchungsdesign, die explikative Methode, dient zur Untersuchung beobachteter Zusammenhänge, welche vorab als Hypothesen formuliert werden, die es zu überprüfen gilt.[83] Im Gegensatz zu der explorativen Methode liegt hier dementsprechend ein ganz präzises Forschungsziel in Form einer oder mehrerer Hypothesen zugrunde. Von der deskriptiven Untersuchung unterscheidet sich dieses Untersuchungsdesign dadurch, dass störende Einflussfaktoren kontrolliert werden.[84]

3.2.2 Formulierung der Fragen

In Bezug auf die Antwortformulierungen einer Befragung sind offene und geschlossene Fragen zu unterscheiden. Bei offenen Fragen formuliert der Proband die Antworten selber. Diese Frageform eignet sich insbesondere, wenn eine Antwortvielfalt zu erwarten ist und die Zahl und Art der Antwortmöglichkeiten nicht hinreichend bekannt sind. Offene Fragen finden zumeist bei qualitativen Marktforschungsmethoden Anwendung. Bei geschlossenen Fragen hingegen wählt die Auskunftsperson zwischen vorgegebenen Antwortkategorien. Die Anwendung solcher Fragestellungen ist sinnvoll, wenn die möglichen Ausprägungen

---

[79] Vgl. Bandilla, W./Hauptmanns, P.: „Internetbasierte Umfragen: Eine geeignete Datenerhebungstechnik für die empirische Forschung?" in „Internet-Marketing: Perspektiven und Erfahrungen aus Deutschland und den USA", Fritz, W., 1.Aufl., Stuttgart 1999, S.197.

[80] Vgl. Homburg, C./Krohmer, H.: a.a.O., S. 191.

[81] Vgl. Böhler, H.: a.a.O., S. 39.

[82] Vgl. Bandilla, W./Hauptmanns, P.: a.a.O., S. 213.

[83] Vgl. Homburg, C./Krohmer, H.: a.a.O., S. 191.

[84] Vgl. Böhler, H.: a.a.O., S. 40.

der Antwortmöglichkeiten bekannt sind und sich das Interesse ausschließlich auf die Häufigkeitsverteilung dieser Ausprägungen bezieht.[85] Weiterhin differenziert man zwischen der direkten und der indirekten Frage, wobei Erstere auf direktem Weg den expliziten Sachverhalt erfragt. Der Untersuchungsgegenstand bei der indirekten Frage hingegen wird „auf Umwegen" ermittelt. Diese Frageform wird vor allem dann angewandt, wenn zu erwarten ist, dass die Befragten die Antwort verweigern oder willentlich falsche Angaben machen.

Es ist grundsätzlich bei der Gestaltung der Fragen darauf zu achten, dass diese einfach, eindeutig und neutral formuliert sind. Die Einfachheit der Fragen lässt sich durch die Verwendung eines allgemein verständlichen Vokabulars realisieren. Die Eindeutigkeit einer Frage bezieht sich auf die Vermeidung von doppeldeutigen Fragestellungen. Mit der Neutralität einer Frage soll sichergestellt werden, dass die Befragten bei der Beantwortung nicht durch die Formulierung etc. beeinflusst werden.[86]

Darüber hinaus werden die Fragen in der Regel vor dem Hintergrund des zu verwendenden Mess- oder Skalenniveaus formuliert. Hierbei handelt es sich um die Eigenschaft von Merkmalen, welches als eine Art Maßstab zu verstehen ist, um die jeweilige Merkmalsausprägung zahlenmäßig darstellen zu können.[87] Da die Berücksichtigung der Skalenniveaus im Rahmen späterer Auswertungen von geringer Bedeutung ist, wird hier auf eine weitere Ausführung verzichtet.

3.2.3 Definition der Grundgesamtheit

Einer empirischen Untersuchung geht gewöhnlich zunächst eine Definition der Grundgesamtheit, respektive der Gesamtheit von Elementen, über die im Rahmen der Marktforschungsstudie Aufschlüsse erzielt werden sollen, voraus. Wird jedes einzelne Element der Grundgesamtheit untersucht, so spricht man von einer Vollerhebung. Meist jedoch be-

---

[85] Bei geschlossenen Fragen wird wiederum zwischen drei Formen unterschieden, und zwar der dichotomen Frage, der Multiple-Choice-Frage und der Skalafrage. Die dichotome Frage bietet genau zwei Antwortmöglichkeiten, wobei oft noch eine neutrale Kategorie, wie z.B. „keine Angaben" aufgeführt wird. Bei der Multiple-Choice-Frage kann die Testperson zwischen mehreren Alternativen auswählen. Die Skalafrage ist eine Spezialform der Multiple-Choice-Frage, bei der die graduelle Ausprägung von Merkmalen und Tatbeständen erfasst werden soll, indem die Antwortkategorien nach Intensitäten abgestuft werden (z.B.: „niemals", „manchmal", „oft", „sehr oft"). Vgl. Böhler, H.: a.a.O., S. 88 f.

[86] Vgl. Berekoven, L./Eckert, W./Ellenrieder, P.: „Marktforschung", 10. Aufl., Wiesbaden 2004, S. 104 f.

[87] Vgl. Berekoven, L. et al.: a.a.O., S. 72 ff.

schränkt man sich aus zeitlichen, finanziellen und organisatorischen Gründen auf einen Teil der Grundgesamtheit. Eine solche Teilerhebung bezeichnet man als Stichprobe.[88] Die Definition der Grundgesamtheit internetbasierter Umfragen unterscheidet sich im Vergleich zu den Offline-Verfahren.[89] Es ist bei Online-Befragungen wichtig zu berücksichtigen, dass bestimmte Teile der Population, welche keine Zugangsmöglichkeit zum Internet haben, von der Teilnahmemöglichkeit ausgeschlossen sind. Zudem sind bestimmte Gruppen im Internet über- bzw. unterrepräsentiert. Als Beispiel hierfür sei die ARD/ZDF-Online Studie 2004 über die Online-Nutzer-Typologie erläutert. Diese besagt unter anderem, dass 43% der gesamten Online-Nutzer zwischen 20 und 39 Jahre alt sind, während die über 60jährigen einen Anteil von nur 8% ausmachen. Auch ist hier zwischen der Nutzungsintensität der verschiedenen Altersgruppen zu differenzieren. Der Internet-Nutzer bis 39 Jahre ist tendenziell als aktiv-dynamisch einzustufen und weist eine durchschnittlich höhere Online-Nutzungsdauer auf. Der Internet-Nutzer ab 40 Jahre gilt allgemein eher als selektiv-zurückhaltend mit geringerer Nutzungsdauer und -häufigkeit.

Der männliche Anteil an Online-Nutzern beträgt 55% und unterscheidet sich in der Nutzung der verschiedenen Internet-Dienste sowie der Nutzungsintensität von den weiblichen Internet-Nutzern. So ist der männliche Nutzer durchschnittlich aktiver und routinierter im Umgang mit dem Medium Internet. Darüber hinaus ist der Kernnutzer des Internet berufstätig und verfügt über einen hohen Bildungsstand.[90]

Die unterschiedliche Nutzung des Internet stellt Restriktionen dar, welche es nicht ermöglichen, jedes Element der Grundgesamtheit mit der gleichen Chance in die Stichprobe einzubeziehen. Dies hat zur Folge, dass eine onlinerekrutierte Studie keine generalisierbaren Aussagen über die Grundgesamtheit gewährleisten kann und somit die Grundgesamtheit einer Online-Befragung nicht klar abgrenzbar ist.[91] Gegenwärtig definiert man aus diesem Grund im Rahmen von Online-Befragungen oft Teilmengen innerhalb der Grundgesamtheit der Internet-Nutzer.[92]

---

[88] Vgl. Herrmann, A./Homburg, C.: „Marktforschung", 2. Aufl., Wiesbaden 2000, S. 63.

[89] Hiermit sind mündliche, schriftliche und telefonische Umfragen gemeint.

[90] Vgl. Oehmichen, E./Schröter, C.: „Die Online-Nutzertypologie" - ARD/ZDF-Online-Studie 2004 in: „Fachzeitschrift Media Perspektiven" in Zusammenarbeit mit der SWR Medienforschung, Frankfurt a.M. 2004, S. 362 ff.

[91] Vgl. Starsetzki, T.: „ Rekrutierungsformen und ihre Einsatzbereiche" in „Online-Marktforschung", Theobald, A. et al.: a.a.O., S. 9.

[92] Vgl. Bandilla, W./Hauptmanns, P.: a.a.O., S. 20.

3.2.4 Repräsentativität

Repräsentativität bedeutet in der empirischen Forschung, dass man von den aus der Stichprobe ermittelten Ergebnissen auf die Grundgesamtheit schließen kann.[93] Die Realisierung erfolgt durch die Zusammensetzung[94] und die Größe[95] der Stichprobe.[96] Basierend auf der Erkenntnis, dass eine allgemeingültige Definition der Grundgesamtheit bei Online-Befragungen nicht möglich ist (vgl. Kapitel 3.1.3), lassen sich bei dem derzeitigen Verbreitungsstand und den Verbreitungsmerkmalen des Internet folglich auch keine repräsentativen Aussagen ermitteln.[97] Darüber hinaus ist zu erwarten, dass bei Internet-Umfragen eine Selbstselektion stattfindet. Dies bedeutet, dass Internet-Nutzer, die ein hohes Interesse an dem Befragungsgegenstand aufweisen, verstärkt zur Teilnahme bereit sind. Dies führt ebenfalls zu einer Verzerrung der Umfrageergebnisse und verhindert die Repräsentativität von Online-Umfragen. Trotz dieses methodischen Problems existieren Anwendungsbereiche, welche einen sinnvollen Einsatz der Online-Befragung rechtfertigen. Hierzu zählen insbesondere explorative Erhebungen, da sie keiner genauen Definition der Grundgesamtheit bedürfen, und somit auch kein Anspruch auf Repräsentativität erfüllt werden muss.[98]

3.2.5 Rekrutierung der Online-Stichprobe

Die Bildung bzw. Rekrutierung von Stichproben erfolgt nach verschiedenen Verfahren. Im Allgemeinen wird zwischen der Zufallsauswahl, der bewussten Auswahl und der willkürlichen Auswahl unterschieden. Im Rahmen dieses Forschungsprojektes wird die willkürliche Auswahl angewandt. Aus diesem Grund wird auf die Darstellung der anderen beiden Rekrutierungsmethoden verzichtet. Von einer willkürlichen Auswahl spricht man, wenn es kei-

---

[93] Vgl. Christof, K./Pepels, W.: „Praktische quantitative Marktforschung", 1. Aufl., München 1999, S. 22.

[94] Eine Stichprobe ist repräsentativ, wenn ihre Verteilung untersuchungsrelevanter Merkmale der Verteilung der Gesamtmasse entspricht. Demnach soll die Stichprobe ein verkleinertes Abbild der Gesamtheit darstellen. Vgl. Berekoven, L. et al.: a.a.O., S. 51.

[95] Gemäß dem Gesetz der großen Zahlen lässt sich die Repräsentativität einer Erhebung erhöhen, wenn die Zahl der Elemente einer Stichprobe, respektive der Stichprobengröße, erhöht wird. Vgl. Berekoven, L. et al.: a.a.O., S. 51.

[96] Vgl. Homburg, C./Krohmer, H.: a.a.O., S. 226.

[97] Vgl. Bandilla, W./Hauptmanns, P.: a.a.O., S. 202.

[98] Vgl. Bandilla, W./Hauptmanns, P.: a.a.O., S. 212 f.

nerlei Vorgaben für die Bildung einer Stichprobe gibt und die Untersuchung dementsprechend keinen Anspruch auf Repräsentativität erfüllen soll.[99]
In der Online-Forschung würde dies beispielsweise bedeuten, dass der Fragebogen durch Werbebanner oder Links auf bestimmten Internet-Seiten propagiert wird.[100]

3.2.6 Gütekriterien

Untersuchungen sind als verlässlich anzusehen, wenn sie die drei Gütekriterien Objektivität, Reliabilität und Validität erfüllen.[101]
Eine Messung ist dann objektiv, wenn die Durchführung, Auswertung und Interpretation unabhängig vom Einfluss des Interviewers bzw. des Untersuchungsleiters ist. Daraus ergibt sich die logische Forderung, zum einen möglichst wenig Interaktion zwischen den befragten Personen und dem Interviewer bzw. dem Untersuchungsleiter stattfinden zu lassen. Zum anderen sollten die Freiheitsgrade bei der Auswertung und Interpretation so gering wie möglich gestaltet werden.
Das Kriterium Reliabilität trifft Aussagen über die Zuverlässigkeit, das heißt, die formale Genauigkeit einer Messung. Eine Untersuchung gilt dann als reliabel, wenn die Untersuchungsergebnisse unter konstanten Messbedingungen reproduzierbar sind.
Die Validität ist ein Kriterium, das die Gültigkeit eines Messinstrumentes beschreibt.[102] Es wird dann als gültig bezeichnet, wenn der relevante Sachverhalt gemessen und systematische Fehler ausgeschlossen werden können. Bei Internet-Befragungen sind vor allem bezüglich der Validität einige Besonderheiten zu beachten. Als Beispiel sei zu nennen, dass die Teilnahme an einer Online-Umfrage in der Regel anonymer erfolgt als bei den meisten anderen Umfragemethoden. Dies kann zu einer größeren Offenheit der Probanden und somit zu einer höheren Validität führen. Des Weiteren kann es aus diesem Grunde auch zu vermehrten Teilnahmen mit sinnlosen Angaben kommen, was sich wiederum negativ auf die Validität auswirken würde.[103]

[99] Vgl. Herrmann, A./Homburg, C.: a.a.O., S. 64.
[100] Vgl. Bandilla, W./Hauptmanns, P.: a.a.O., S. 200 ff.
[101] Vgl. Berekoven, L. et al.: a.a.O., S. 88 ff.
[102] Vgl. Berekoven, L. et al.: a.a.O., S. 88 ff.
[103] Vgl. Batinic, B.: „Datenqualität bei internetbasierten Befragungen" in „Online-Marktforschung", Theobald, A. et al.: a.a.O., S. 147.

Die Gütekriterien lassen sich zusätzlich in einzelne Bereiche gliedern und bauen aufeinander auf. Dementsprechend ist die Objektivität eine notwendige, wenn auch nicht hinreichende Bedingung für die Reliabilität. Diese ist auch wiederum ein erforderliches Kriterium für die Validität.

Jedes Kriterium bietet unterschiedliche Testverfahren an, mittels derer die Güte der Kriterien erhoben werden können.

Da unter Berücksichtigung des Umfangs der vorliegenden Arbeit diese Testverfahren in dem praktischen Teil keine Anwendung finden, werden die einzelnen Verfahren nicht weiter behandelt.

3.3 Realisation der quantitativen Online-Befragung

Im Rahmen der vorliegenden Arbeit wurde eine Online-Befragung mittels eines Fragebogens durchgeführt.[104] In den nachfolgenden Abschnitten werden, in Anlehnung an die in Kapitel 3.2 aufgeführte Theorie der Online-Befragung, die Erstellung sowie die Durchführung dieser empirischen Umfrage beschrieben.

3.3.1 Wahl der Forschungsmethode und des Untersuchungsdesigns

Das für meinen Forschungszweck benötigte Datenmaterial konnte nicht aus sekundären Quellen bezogen werden konnte. Somit war es notwendig, mittels der Primärforschung, eine eigene Erhebung der Daten durchzuführen (vgl. Kapitel 3.2.1).
Die Untersuchung wurde durch eine Umfrage realisiert, der ein exploratives Untersuchungsdesign zugrunde liegt. Der explorative Untersuchungscharakter ist dadurch begründet, dass hier die Existenz und das mögliche Ausmaß von Abhängigkeiten des Live-Musikmarktes auf den Tonträgermarkt untersucht werden sollen. Es werden vorab keine Hypothesen formuliert, die es zu prüfen gilt (vgl. Kapitel 3.2.1)
Wie oben erwähnt, existiert nach meinem Erkenntnisstand kein Datenmaterial, so dass davon ausgegangen werden kann, dass es sich um einen relativ unerforschten Sachverhalt handelt, welches ebenfalls dem Prinzip einer explorativen Untersuchung gerecht wird.
Der vorliegende Fragebogen basiert auf der quantitativen Forschungsmethode.

Aufgrund zeitlicher und finanzieller Einschränkungen, erwies es sich als sinnvoll, den Fragebogen als Online-Variante umzusetzen. Darüber hinaus bietet sich dieses Verfahren zur Durchführung von explorativen Untersuchungen an (vgl. Kapitel 3.2.4).

3.3.2 Formulierung der Fragen

Der diesem Forschungsprojekt zugrunde liegende Fragebogen beinhaltet insgesamt 15 Fragen, die alle eine geschlossene Frageform aufweisen (vgl. Kapitel 3.2.2). Mittels eines Pretests, welchen ich mit 20 Personen unterschiedlichen Alters und Bildungsstandes durchführte, wurde der Fragebogen auf Antwortmöglichkeiten und Verständlichkeit hin ge-

---

[104] Der Fragebogen war im Internet unter http://www.crosslabs.de/umfrage/ zu finden.

prüft und optimiert. Nach anschließender Diskussion mit den Teilnehmern[105] des Pretests hat sich herausgestellt, dass eine größere Antwortvielfalt nicht zu erwarten ist, und sich die geschlossene Antwortformulierung demzufolge als geeignet erwies.

Im Folgenden sind die einzelnen Fragen aufgeführt und gleichzeitig wird der Hintergrund der jeweiligen Fragestellung erläutert.

1.) Wie viele Live-Musikveranstaltungen besuchen Sie im Durchschnitt pro Jahr? (Hierzu zählen keine Musicals, Operetten, Varietés, sowie Live-Aufführungen auf Tanzveranstaltungen oder in Restaurants)

Diese Einstiegsfrage dient zunächst als „Filterfrage". Die Fragebögen der Testpersonen, die bei dieser Frage angaben, weniger als eine Live-Musikveranstaltung pro Jahr zu besuchen, blieben unberücksichtigt, um der später in Kapitel 3.3.3 definierten Teilmenge gerecht zu werden. Die Abgrenzung des Begriffs „Live-Musikveranstaltung" erfolgte in Anlehnung an die in Kapitel 2.2 aufgeführte Definition. Des Weiteren dient diese Frage im Rahmen der Auswertung zur Ermittlung von Korrelationen.

2.) ...davon in folgenden Bereichen:

Rock/Pop/Funk/Soul/R'nB
Hard-Rock/Crossover/Heavy Metal
Hip-Hop/Rap
Jazz/Blues/Folk/Gospel
Dance/Techno
Schlager
Volksmusik
Klassik
Sonstiges

Die Testpersonen wurden gebeten, anhand einer Multiple Choice-Frage, die besuchten Konzerte nach Musikstilrichtungen zu differenzieren, damit hinterher Aussagen innerhalb

---

[105] Für die Teilnehmer und Teilnehmerinnen der quantitativen Befragung wird im Folgenden ausschließlich die männliche Form verwendet, die stellvertretend auch für die weibliche Bezeichnung gilt.

dieser Stilrichtungen und nicht nur innerhalb der gesamten Stichprobe, getroffen werden können. Des Weiteren interessierte es mich zu erfahren, wie die einzelnen Musikrichtungen in der Stichprobe vertreten sind. Auf Grund der hohen Komplexität von Stilrichtungen in der Musik hielt ich es für sinnvoll, mich auf geläufige Musikrichtungen zu konzentrieren und die nicht erwähnten Musikarten unter „Sonstiges" zusammenzufassen. Bei dieser Frage waren Mehrfachnennungen möglich.

3.) Wie viele Tonträger (CDs, Schallplatten, Musikkassetten, Musik-DVDs/-Videos etc.) kaufen sie im Durchschnitt pro Jahr?

Diese Frage diente ebenfalls dazu, im Rahmen der Auswertung, Korrelationen zu ermitteln. Das Wort „kaufen" wurde optisch hervorgehoben, damit die Anzahl gebrannter CDs und das Herunterladen von Musik aus dem Internet unberücksichtigt bleibt. Es ist hier ausschließlich der käufliche Erwerb von Tonträgern von Interesse.

4.) Versetzen Sie sich in folgende Situation:
Sie besuchen in nächster Zeit ein Konzert und kaufen sich **anlässlich** dieses Konzertes einen Tonträger der jeweiligen Band/des jeweiligen Musikers. Der Preis und die Verfügbarkeit seien sowohl im Handel, als auch auf dem Konzert gleich.
Sie kaufen sich diesen Tonträger vorzugsweise…

…anlässlich der Veranstaltung schon **vorher** im Handel
…beeinflusst durch das Konzert (vorher nicht beabsichtigt) **auf** der Veranstaltung (Merchandise)
…beeinflusst durch das Konzert (vorher nicht beabsichtigt) **nach** der Veranstaltung im Handel

Hier wurden Kaufverhaltenspräferenzen erfragt, welche als Grundlage möglicher Handlungsempfehlungen dienen. Die Frage sollte unter der Prämisse beantwortet werden, dass der Preis und die Verfügbarkeit sowohl im Handel als auch auf dem Konzert gleich seien, damit sich die Präferenzen ausschließlich auf den Ort und den Zeitpunkt des Tonträgerkaufs beziehen. Es waren auch hier Mehrfachnennungen möglich. Wollte sich der Konsument auf keine der drei Möglichkeiten festlegen, so wurde er darauf hingewiesen, in diesem Fall alle drei Kategorien anzugeben.

5.) Angenommen, Sie besuchen zehn Konzerte pro Jahr. Wie oft kommt es vor, dass Sie sich **aufgrund des Konzertes** (vorher/auf/nach der Veranstaltung) einen Tonträger **kaufen**, den Sie ohne den Konzertbesuch höchstwahrscheinlich nicht erworben hätten?

Um die Beantwortung dieser Frage zu erleichtern, wurde von zehn Konzerten ausgegangen und entsprechend ein Antwortspektrum von 0 Mal bis 10 Mal zur Auswahl gestellt. Anhand dieser Frage soll gemessen werden, ob und gegebenenfalls mit welchem Ausmaß, am Beispiel dieser Umfrage, der Besuch eines Konzertes den Kauf eines Tonträgers zur Folge hat.

6.) Wie viel Geld würden Sie maximal für ein **CD-Album** ausgeben, welches Sie **auf** einem Konzert (Merchandise) erwerben?
7.) Wie viel Geld würden Sie maximal für eine **Musik-DVD** ausgeben, welche Sie **auf** einem Konzert (Merchandise) erwerben?
8.) Wie viel Geld würden Sie maximal für ein **CD-Album** ausgeben, welches Sie **im Handel** (auch Internetversand) erwerben?
9.) Wie viel Geld würden Sie maximal für eine **Musik-DVD** ausgeben, welche Sie **im Handel** (auch Internetversand) erwerben?

Die Fragen 6 bis 9 sollen Aufschluss über die Preisakzeptanz für CDs und Musik-DVDs, zum einen im Handel, zum anderen beim Kauf auf dem Konzert (Merchandise) geben. Die Angaben zu dieser Frage dienen ebenfalls der Erörterung von Handlungsempfehlungen, welche in Kapitel 4 dargestellt werden. Es wurden jeweils vier Preisobergrenzen zur Auswahl gestellt, neben der Option, dass der Proband unabhängig vom Preis grundsätzlich keinen dieser beiden Tonträger kauft. Die jeweiligen Preisobergrenzen wurden aufgrund des Pretests für realistisch erachtet. Sie lagen bei den CD-Alben (Frage 6 und 8) bei 12 Euro, 14 Euro, 16 Euro und 18 Euro und mehr bzw. bei den Musik-DVDs (Frage 7 und 9) bei 10 Euro, 15 Euro, 20 Euro und 25 Euro und mehr.

10.) Beeinflusst durch Live-Konzerte höre ich grundsätzlich die Musik der jeweiligen Band/des jeweiligen Musikers...

...wesentlich öfter

...unwesentlich öfter

...gar nicht öfter als ohne den Besuch dieses Konzertes

...variiert stark

Anhand dieser Frage wurde der Proband darum gebeten, anzugeben, ob eine erlebte Live-Musikveranstaltung grundsätzlich einen Einfluss auf seine Hörgewohnheiten bezüglich der jeweiligen Band bzw. des jeweiligen Musikers hat. Gibt der Befragte hier an, dass ein Konzert grundsätzlich keinen positiven Einfluss auf sein Hörverhalten hat, so lässt sich annehmen, dass eine erlebte Live-Veranstaltung in der Regel auch keinen Einfluss auf seinen Tonträgerkonsum hat. Hört der Proband aufgrund der Veranstaltung die Musik hingegen häufiger, so ist eine denkbare Möglichkeit, dass er den entsprechenden Tonträger erwirbt. Die Häufigkeit dieses Sachverhaltes soll durch die Frage 5 erfasst werden. Daneben kann ein positiver Einfluss auf das Hörverhalten weitere Konsequenzen haben. Diese seien in der folgenden Graphik dargestellt.

Abbildung 11: Mögliche Konsequenzen eines verstärkten Hörverhaltens[106]

Wie der vorherigen Abbildung zu entnehmen ist, kann eine mögliche Konsequenz eines intensiveren Hörverhaltens ebenfalls darin liegen, dass der Konsument den entsprechenden Tonträger bereits besitzt und diesen verstärkt gebraucht. In diesem Fall wäre zwar ein positiver Einfluss auf das Hörverhalten, nicht aber auf den Tonträgerkonsum gegeben.

---

[106] Quelle: Eigene Abbildung.

Die weiteren aufgeführten Möglichkeiten bestehen darin, dass der Konsument die Lieder kopiert, aus dem Internet herunter lädt oder die Musik verstärkt bei Freunden, Bekannten etc. hört. Genau diese Konsumenten gilt es, anhand operativer Maßnahmen, welche in Kapitel 4 erörtert werden, anzusprechen und ihnen Anreize für Tonträgerkäufe zu bieten.

11.) Die Preise für Tonträger auf Konzerten sind mir zu hoch.
12.) Ich würde mehr Tonträger auf Konzerten kaufen, wenn diese jeweils 2 Euro günstiger wären.

Bei diesen beiden Fragen, wurde die Möglichkeit von Rabatten bezüglich Tonträgerverkäufen auf Konzerten getestet, welche ebenfalls in Kapitel 4 näher ausgeführt wird.
Bei Frage 12 habe ich einen festen Wert gewählt, da so das Ergebnis dieser Frage eine präzisere Aussage zulässt. Für die späteren Handlungsempfehlungen war es für mich von Interesse, wie stark aufgrund einer geringen Preisreduktion eine Änderung des Kaufverhaltens zu erwarten wäre. Der Wert wurde mit zwei Euro bewusst gering gewählt, da bei einer massiven Reduktion das Kaufverhalten höchstwahrscheinlich in jedem Fall beeinflusst würde.
Der Fragebogen endete mit der Erfragung persönlicher Daten. Es sollten hier Angaben bezüglich des Geschlechts, des Alters und des Einkommens gemacht werden. Anhand dieser Daten lässt sich die Stichprobe im Hinblick auf persönliche Merkmale definieren.

3.3.3 Definition der Teilmenge innerhalb der Grundgesamtheit der Internet-Nutzer

Der vorliegenden Untersuchung liegt eine Teilerhebung bzw. eine Stichprobe zugrunde, die aufgrund der Online-Erhebung eine Definition der Grundgesamtheit nicht zulässt (vgl. Kapitel 3.2.3). Definiert man die Teilmenge innerhalb der Grundgesamtheit der Internet-Nutzer, so lautet diese:

„Alle Besucher von Live-Musikveranstaltungen, die im Jahr durchschnittlich mindestens eine Veranstaltung besuchen"
Aus dieser definierten Teilmenge wurde nun die Stichprobe erhoben. Dieser Sachverhalt wird in folgender Graphik veranschaulicht.

40

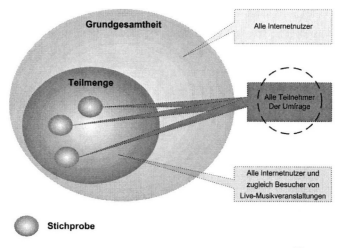

Abbildung 12: Grundgesamtheit, Teilmarkt und Stichprobe[107]

Um detaillierte Informationen über die Struktur der Grundgesamtheit der Internet-Nutzer zu erlangen, erweisen sich Untersuchungen wie die in Kapitel 3.2.3 erläuterte ARD/ZDF-Online Studie über die Online-Nutzer-Typologie als sinnvoll.

3.3.4 Repräsentativität

Da die durchgeführte empirische Studie keine Rückschlüsse auf die Grundgesamtheit der Besucher von Live-Musikveranstaltungen zulässt, ist sie als nicht repräsentativ zu betrachten. Ein weiterer Grund dafür, dass hier keine repräsentativen Aussagen getroffen werden können, ist die Selbstselektion bei Internet-Umfragen. Es ist bei dieser Umfrage zulässig, einen Anspruch auf Repräsentativität zu vernachlässigen, da es sich hier um eine explorative Erhebung handelt (vgl. Kapitel 3.2.4).

3.3.5 Rekrutierung der Online-Stichprobe

Die Stichprobe wurde, wie bereits in Kapitel 3.2.5 erwähnt, willkürlich erhoben. Dies bedeutet, dass die Auswahl der Probanden keinen konkreten Vorgaben gerecht werden musste. Die Rekrutierung der Teilnehmer erfolgte zum einen durch das Versenden von E-Mails. Das Anschreiben umfasste eine kurze Erläuterung meines Forschungsprojektes

[107] Quelle: Eigene Abbildung.

und wies zudem mit Hilfe eines Links auf die Internet-Adresse des Fragebogens hin. Zusätzlich bat ich darum, meine E-Mail an Freunde und Bekannte weiterzuleiten, da ich mir auf diesem Wege erhoffte, zusätzliche Probanden akquirieren zu können. Zum anderen wurde auf der Homepage des Musik-Festivals „Hurricane"[108] auf meine Umfrage verwiesen.

---

[108] Die entsprechende Internetseite lautet: www.hurricane.de.

3.4 Auswertung der Daten

Die Auswertung der erhobenen Daten erfolgte weitestgehend deskriptiv. Nach meinem Ermessen waren keine weiteren Analysemethoden für den Forschungszweck erforderlich. Nachstehend werden zunächst die Nettorückläufe und die Zusammensetzung der Stichprobe bestimmt, bevor die Darstellung der deskriptiven Auswertung erfolgt.

3.4.1 Bestimmung der Netto-Rückläufe

Die Resonanz der Umfrage belief sich auf 761 Brutto-Rückläufe. Es fand jedoch eine Aussonderung von Fragebögen statt. Es wurden die Fragebögen der Testpersonen ausgesondert, welche angaben, weniger als eine Live-Musikveranstaltung im Durchschnitt pro Jahr zu besuchen (vgl. Kapitel 3.3.2). Außerdem gab es einige Rückläufe, bei denen Fragen, deren Beantwortung für die Auswertung erforderlich war, versehentlich oder aufgrund von Antwortverweigerungen nicht ausgefüllt wurden. Auch diese Rückläufe wurden von der Auswertung eliminiert.

Die willkürlich erhobene Stichprobe der vorliegenden Untersuchung umfasst nach der Aussonderung $N = 680$ Fälle (Netto-Rückläufe), welches die Datengrundlage nachstehender Analysen darstellt.

3.4.2 Definition der Stichprobe anhand persönlicher Merkmale

Die Geschlechterverteilung der Stichprobe beläuft sich auf 406 Männer (59,8%) und 274 Frauen (40,2%).[109] Die Ursache dieses unausgeglichenen Verhältnisses lässt sich sicherlich in großem Maße auf die in Kapitel 3.2.3 erwähnte geschlechtsspezifisch unterschiedliche Internet-Nutzertypologie zurückführen.

Über die Altersstruktur der Stichprobe wird anhand folgender Graphik Aufschluss gegeben.[110] Um die Darstellung übersichtlicher zu gestalten, wurden Kategorien gebildet.

---

[109] Es sei zu erwähnen, dass die GfK eine Geschlechterverteilung bzgl. der Konsumenten von Live-Musik von 44% (männlich) zu 56% (weiblich) ermittelte. Vgl. Bundesverband der Veranstaltungswirtschaft, a.a.O., S. 16.

[110] Es sei zu erwähnen, dass die GfK eine Altersverteilung bzgl. der Konsumenten von Live Musik von 9% (10-19 Jahre); 17% (20-29 Jahre); 17% (30-39 Jahre); 16% (40-49 Jahre); 41% (50 Jahre und älter) ermittelte. Vgl. Bundesverband der Veranstaltungswirtschaft, a.a.O., S. 9.

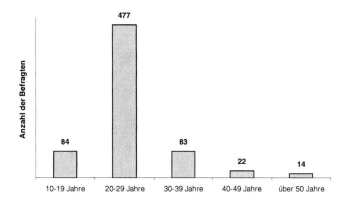

Abbildung 13: Altersstruktur der Stichprobe[111]

Aus der Abbildung wird deutlich, dass Personen im Alter von 20 bis 29 Jahren stark dominieren, während die Altersgruppe ab 40 Jahre gering vertreten ist. Auch hier lässt sich auf die in Kapitel 3.2.3 geschilderte ARD/ZDF-Online-Studie verweisen. Einen weiteren Grund für das unausgeglichene Verhältnis der Altersgruppen sehe ich in der Rekrutierung der Teilnehmer durch den Link auf der Homepage des Musik-Festivals. Da Festivals im Allgemeinen zu 60% von unter 29jährigen besucht werden[112], liegt die Vermutung nahe, dass der Anteil älterer Besucher dieser Internet-Seite entsprechend gering ist.

---

[111] Quelle: Eigene Abbildung.

[112] Vgl. Bundesverband der Veranstaltungswirtschaft, a.a.O., S. 9.

44

Bezüglich der Einkommensverteilung fällt auf, dass Personen mit einem Einkommen bis 1000 Euro in der Stichprobe stark vertreten sind. Diese Dominanz der unteren Einkommensgruppe resultiert vermutlich aus der hohen Anzahl junger Befragungsteilnehmer. Es sollte hier auch berücksichtigt werden, dass knapp 20% der Befragten keine Angaben über das Einkommen gemacht haben. Die nachstehende Abbildung zeigt die Einkommensverteilung der Stichprobe:

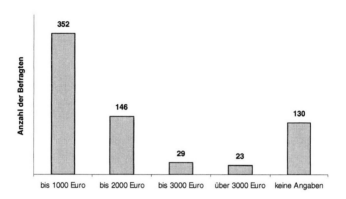

Abbildung 14: Einkommensverteilung der Stichprobe[113]

3.4.3 Deskriptive Auswertung

Das Ergebnis der Frage, wie viele Live-Musikveranstaltungen die Testperson im Durchschnitt pro Jahr besucht, ist in Tabelle 1 zusammengefasst.

N	680
Mittelwert	6
Standardabweichung	7,3
minimaler Wert	1
maximaler Wert	50
Median	3

Tabelle 1: Live-Musikveranstaltungen pro Jahr – Deskriptive Darstellung[114]

Der Proband besucht demzufolge jährlich sechs Konzerte im Durchschnitt. Multipliziert man diesen Mittelwert mit dem von der GfK ermittelten durchschnittlichen Ticketpreis von

---

[113] Quelle: Eigene Abbildung.
[114] Quelle: Eigene Abbildung.

19 Euro (vgl. Kapitel 2.2), so belaufen sich die durchschnittlichen Pro-Kopf-Ausgaben für Musik-Veranstaltungen pro Jahr am Beispiel dieser Umfrage auf 114 Euro.

Ein aussagekräftiger Wert für diese Untersuchung ist darüber hinaus der Median, da dieser bezüglich extremer Werte, wie in diesem Beispiel dem Wert 50, unempfindlich ist. Dieser Zentralwert, welcher die kleineren 50% der Werte von den größeren 50% der Werte trennt, liegt in diesem Beispiel bei 3. Das bedeutet, dass die meisten Befragten angaben, jährlich drei Konzerte im Durchschnitt zu besuchen.

Bei der Auswertung bezüglich der Musikstilrichtungen, stellte sich heraus, dass ein Großteil der Probanden (78,8%) Live-Musikveranstaltungen im Bereich Rock/Pop/Funk/Soul/R'n'B besucht. Knapp die Hälfte (47,5%) besuchen Konzerte der Kategorie Hard-Rock/Crossover/Heavy Metal. Des Weiteren entfallen 15,4% auf den Bereich Hip-Hop/Rap und 15,7% auf die Kategorie Jazz/Blues/Folk/Gospel. Klassik-Konzerte werden von 12,5% der Probanden besucht. Die Anzahl der Besucher von Dance/Techno Live-Veranstaltungen fällt mit einem Anteil von 5,7% gering aus. Die Repertoirekategorie „Schlager" wurde, unter der Möglichkeit von Mehrfachnennungen, lediglich von zwölf und die Kategorie „Volksmusik" von vier der Befragten ausgewählt. Ich habe die beiden Kategorien von der Auswertung ausgeschlossen, da ich diese Anzahl für zu gering hielt, um aussagekräftige Ergebnisse innerhalb dieser Kategorien ermitteln zu können. Weiterhin gaben 18,1% der Befragten an, Live-Musikveranstaltungen in sonstigen, nicht aufgeführten Kategorien zu besuchen.

Die Darstellung der Ergebnisse bei der Frage, wie viele Tonträger sich der Proband pro Jahr im Durchschnitt kauft, ist in Tabelle 2 dargestellt:

N	680
Mittelwert	10,1
Standardabweichung	13,4
minimaler Wert	0
maximaler Wert	100
Median	5

Tabelle 2: Gekaufte Tonträger pro Jahr – Deskriptive Darstellung[115]

---

[115] Quelle: Eigene Abbildung.

Wie der Tabelle zu entnehmen ist, liegt der durchschnittliche Tonträgerkonsum pro Jahr, am Beispiel dieser Umfrage, bei 10,1. Die meisten Befragten gaben an, jährlich fünf Tonträger zu kaufen, was sich durch die Berechnung des Median herausstellte.

Innerhalb der einzelnen Repertoirekategorien lassen sich unterschiedliche Ergebnisse bezüglich des Konsums von Live-Musikveranstaltungen und des Konsums von Tonträgern ermitteln. In Tabelle 3 sind die Mittelwerte und die jeweiligen Standardabweichungen der besuchten Live-Musikveranstaltungen sowie die der Tonträgerkäufe pro Jahr je Repertoirekategorie aufgeführt.

		Rock/Pop/Funk/Soul/R'n'B	Hard-Rock/Crossover/Heavy Metal	HipHop/Rap	Jazz/Blues/Folk/Gospel	Dance/Techno	Klassik	Sonstiges
Konzertbesuche	Mittelwert	5,6	7,7	7	8,1	5,4	7,2	9,2
	Standardabweichung	6,8	7,9	9	8,4	6,6	8,4	10
Tonträgerkäufe	Mittelwert	9,5	12	11,1	13,5	9,6	11,4	13,2
	Standardabweichung	12,1	16,1	16,6	15,2	11,8	12,5	17

Tabelle 3: Konzertbesuche/Tonträgerkäufe je Repertoirekategorie[116]

Es lässt sich erkennen, dass die Befragten, die angaben, auf Konzerte der Musikrichtung Jazz/Blues/Funk/Gospel zu gehen, die meisten Live-Musikveranstaltungen pro Jahr besuchen und zudem den größten Tonträgerkonsum aufweisen. Der geringste Live-Musik- und Tonträgerkonsum ist bei den Repertoirekategorien Dance/Techno und Rock/Pop/Funk/Soul/R'n'B zu erkennen.[117] Es ist auffällig, dass bei den Repertoirekategorien, die einen hohen Konsum an Live-Musikveranstaltungen aufweisen, gleichzeitig ein hoher Tonträgerkonsum zu erkennen ist bzw. Repertoirekategorien mit geringer Anzahl an besuchten Konzerten auch eine geringe Anzahl an Tonträgerkäufen aufweisen. Es scheint hier also ein Zusammenhang zwischen dem Tonträgerkonsum und der Anzahl besuchter

---

[116] Quelle: Eigene Abbildung.

[117] Es sei an dieser Stelle noch einmal darauf hingewiesen, dass den Befragten die Möglichkeit von Mehrfachnennungen bezüglich der Repertoirekategorien gewährt wurde. Dies bedeutet, dass sich die Anzahl besuchter Konzerte nicht ausschließlich auf Konzerte der jeweiligen Repertoirekategorie beziehen müssen.

Konzerte zu bestehen. Diesen Sachverhalt habe ich näher untersucht. Es hat sich herausgestellt, dass eine positive Korrelation von $r = 0,38$[118] ($\alpha = 0,01$)[119] zwischen der Anzahl besuchter Konzerte und den Tonträgerkäufen pro Jahr besteht. Dieser Zusammenhang wird im Folgenden anhand einer Graphik verdeutlicht. Es werden die Mittelwerte der Tonträgerkäufe je Anzahl besuchter Konzerte dargestellt.

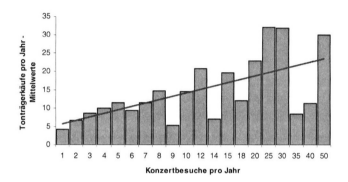

Abbildung 15: Zusammenhang zwischen Tonträgerkäufen und Konzertbesuchen anhand der untersuchten Stichprobe[120]

Hieran lässt sich erkennen, dass der jährlich durchschnittliche Tonträgerkonsum tendenziell höher ist, je mehr Live-Musikveranstaltungen der Proband pro Jahr besucht. Dies wird in der Abbildung durch die Trendlinie verdeutlicht.

Es bleibt also festzuhalten, dass sich anhand der durchgeführten Umfrage eine positive Wechselbeziehung zwischen dem Tonträgermarkt und dem Markt für Live-Musikveranstaltungen feststellen lässt.

---

[118] Korrelation nach Pearson.

[119] Das Signifikanzniveau α bezeichnet die Irrtumswahrscheinlichkeit. Bei der Berechnung dieser Korrelation ist $\alpha = 0,01$, was bedeutet, dass hier eine geringe Irrtumswahrscheinlichkeit von 1% vorliegt.

[120] Quelle: Eigene Abbildung.

Bezüglich der Frage, wie viele Tonträger der Proband je zehn Konzerte erwirbt, ergab sich folgendes Bild:

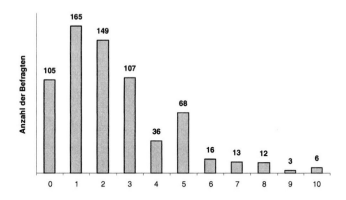

Abbildung 16: Anzahl gekaufter Tonträger je zehn Konzerte[121]

Es lässt sich anhand dieser Ergebnisse berechnen, wie viele Tonträger der Proband im Durchschnitt je zehn Konzerte erwirbt (T). Hierzu wird die Anzahl der Befragten je Antwortkategorie (b_i) multipliziert mit der jeweiligen Anzahl an potenziell erworbenen Tonträgern (t_i). Dieser Wert wird wiederum durch die Stichprobengröße ($N = 680$) dividiert. Die Berechnung lässt sich wie folgt darstellen:

$$T = \frac{1}{N}\sum_{i=1}^{N} b_i \cdot t_i$$

Es ergibt sich ein Wert von $T = 2,41$. Dies bedeutet, dass der Proband bei zehn besuchten Konzerten im Durchschnitt 2,41 Tonträger erwirbt, welche er ohne den Besuch der entsprechenden Live-Veranstaltung höchstwahrscheinlich nicht erworben hätte. Ebenso lässt das Ergebnis die Aussage zu, dass 24,1%, also knapp jeder vierte Konzertbesuch, einen Tonträgerkauf zur Folge hat.

---

[121] Quelle: Eigene Abbildung.

Dieser Sachverhalt ist anhand der nachstehenden Graphik dargestellt, in der die drei Komponenten „Tonträgerkauf", „Musikinteresse" und „Konzertbesuch" gegeben sind.

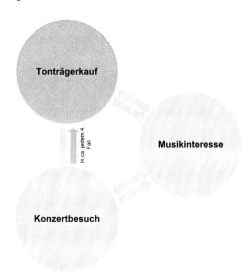

Abbildung 17: Tonträgerkauf, Musikinteresse und Konzertbesuch – Wechselseitige Beeinflussung[122]

Jede der drei aufgeführten Komponenten kann einen positiven Einfluss auf die jeweils anderen beiden Komponenten haben. So kann z.B. das reine Musikinteresse, ohne den Besuch eines Konzertes, einen Tonträgerkauf auslösen. Eine andere Möglichkeit wäre, dass ein Tonträgerkauf den Konsumenten zu dem Besuch eines Konzertes veranlasst. Im Rahmen dieses Forschungsprojektes wird der positive Einfluss eines Konzertes auf den Tonträgerkonsum fokussiert. Wie die durchgeführte Berechnung ergibt, tritt dieser Fall anhand der zugrunde liegenden Untersuchung nahezu bei jedem vierten Konzertbesuch ein.

Darüber hinaus lässt sich die Summe gekaufter Tonträger beeinflusst durch Live-Musikveranstaltungen (s) bestimmen. Dividiert man für jeden Probanden die Anzahl gekaufter Tonträger je zehn Konzerte (vgl. obige Auswertung) durch 10, so erhält man die Wahrscheinlichkeit, mit welcher der Befragte beeinflusst durch eine Live-Musikveranstaltung einen Tonträger erwirbt (e_i). Dieser Wert wird wiederum mit der von

---

dem Probanden angegebenen Anzahl besuchter Live-Konzerte pro Jahr (K_i) multipliziert und hieraus die Summe gebildet. Die Berechnung lässt sich folgendermaßen darstellen:

$$s = \sum_{i=1}^{N} e_i \cdot K_i$$

Es ergibt sich ein Wert von $s = 1084$, welcher besagt, dass die 680 Probanden jährlich insgesamt 1084 Tonträger aufgrund von erlebten oder anstehenden Live-Musikveranstaltungen erwerben.

Weiterhin lässt sich die Anzahl gekaufter Tonträger pro Jahr, beeinflusst durch Konzerte, für den einzelnen Probanden (p) errechnen:

$$p = \frac{1}{N} \cdot \sum_{i=1}^{N} e_i \cdot K_i$$

Es ergibt sich ein Wert von $p = 1,59$. Dies bedeutet, dass der Befragte pro Jahr im Durchschnitt 1,59 Tonträger beeinflusst durch besuchte Live-Musikveranstaltungen erwirbt. Setzt man nun $s = 1084$ in Relation zu der Summe der gesamten Tonträgerkäufe pro Jahr(g), so lässt sich feststellen, dass nahezu jeder sechste Tonträger beeinflusst durch eine Live-Musikveranstaltung erworben wird.

Die Berechnung lässt sich anhand folgender Formel darstellen:

$$\frac{s}{g} = \frac{1084}{6885} = 0,16;$$

$$\frac{1}{0,16} = 6,25$$

Dieses Ergebnis lässt die Aussage zu, dass, am Beispiel der durchgeführten Untersuchung, ein großer Einfluss von Konzertbesuchen auf den Tonträgerkonsum besteht.

Bei der Frage, ob sich der Proband den Tonträger aufgrund eines Konzertes unabhängig von Preis und Verfügbarkeit vorzugsweise vor, auf oder nach der Veranstaltung kauft, bleiben jene Antworten unberücksichtigt, bei denen alle drei Antwortmöglichkeiten angegeben waren (vgl. Kapitel 3.2.2). Dies ist bei 73 Rückläufen der Fall war, so dass bei dieser Frage $N = 607$ gilt. Es ergibt sich folgendes Bild:

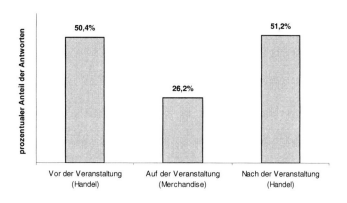

Abbildung 18: Präferenz bezogen auf den Zeitpunkt des Tonträgerkaufs[123]

Aus dieser Untersuchung lässt sich schlussfolgern, dass nahezu gleich oft die Präferenz zu erkennen ist, den Tonträger vor dem Konzert im Handel zu erwerben, wie nach der Live-Musikveranstaltung im Handel. Die Antwortmöglichkeit, den Tonträger vorzugsweise auf der Veranstaltung zu erwerben, wählten 26,2% der für diese Fragestellung relevanten Testpersonen aus.

Die Ergebnisse dieser Auswertung beruhen, wie in Kapitel 3.3.2 erläutert, auf der Annahme, dass der Preis und die Verfügbarkeit sowohl im Handel, als auch auf der Veranstaltung gleich seien, damit sich die Präferenzen ausschließlich auf den Ort und den Zeitpunkt des Tonträgerkaufs beziehen.

Bei der Frage nach der persönlichen Einschätzung bezüglich des Hörverhaltens in Abhängigkeit von Live-Konzerten enthielten sich 20 Testpersonen, so dass hier $N = 660$ gilt. Von diesen 660 Befragten gaben 42,9% an, dass sie, beeinflusst durch ein Konzert, die Musik der jeweiligen Band bzw. des jeweiligen Musikers wesentlich häufiger hören, während 17,5% die Antwort wählten, die entsprechende Musik unwesentlich öfter zu hören. Lediglich bei 10,7% der Testpersonen intensiviert sich das Hörverhalten nicht. Mehr als ein Viertel (25,9%) der Probanden legte sich nicht auf eine der drei genannten Kategorien fest, sondern gab an, dass ihr Hörverhalten in Abhängigkeit von Live-Konzerten stark variiert.

---

[123] Quelle: Eigene Abbildung.

52

Es ergibt sich folgende Verteilung:

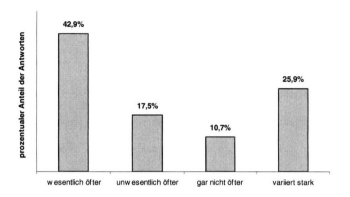

Abbildung 19: Hörverhalten beeinflusst durch ein Live-Konzert[124]

Zusammenfassend lässt sich sagen, dass bei der untersuchten Stichprobe eine starke Beeinflussung des Hörverhaltens aufgrund von Live-Musikveranstaltungen vorliegt. In Kapitel 3.3.2 wurde bereits erläutert, welche Möglichkeiten durch ein verstärktes Hören der Musik eintreten können.

Bei der untersuchten Stichprobe zeigten sich deutliche Unterschiede, bezogen auf die Preisakzeptanz von CDs und Musik-DVDs, zum einen bei dem Erwerb im Handel und zum anderen bei dem Konzertverkauf (Merchandise). So sind beispielsweise nur 12,4% der Befragten bereit, auf einem Konzert 16 Euro und mehr für ein CD-Album auszugeben, wohingegen sich die Prozentzahl für den Handel auf 28,7% beläuft. Eine Gemeinsamkeit beider Vertriebskanäle besteht darin, dass jeweils die am meisten angegebene Preisobergrenze bei 14 Euro lag. Einen Überblick bezüglich der Preisakzeptanzen für das Medium CD liefert die folgende grafische Gegenüberstellung. Auf der x-Achse sind die Euro-Beträge aufgeführt, die der Befragte maximal für dieses Medium zu zahlen bereit ist und auf der y-Achse der entsprechende prozentuale Anteil der Probanden. [125]

---

[124] Quelle: Eigene Abbildung.

[125] Es gaben weiterhin 141 Probanden an, dass sie unabhängig vom Preis und von der Verfügbarkeit keine CDs auf einem Konzert erwerben, sowie 30 der Befragten diese Angabe für den Kauf einer CD im Handel machten.

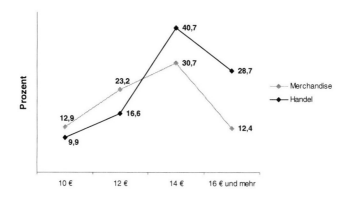

Abbildung 20: Preisakzeptanz für CDs (Handel/Merchandise)[126]

Die grafische Darstellung der Preisakzeptanzen für die Musik-DVD verläuft grundsätzlich ähnlich wie die oben aufgeführte Abbildung für das Medium CD. Die Differenz bei der Kategorie „bis 10 Euro" ist ebenfalls als gering zu beurteilen, wobei hier im Gegensatz zu der CD, die Bereitschaft bis zu 10 Euro für eine Musik-DVD im Handel zu zahlen, minimal höher ist, als diesen Betrag für dasselbe Medium auf einem Konzert zu zahlen. Anhand der nachstehenden Graphik lässt sich ebenfalls konstatieren, dass die befragten Personen bereit sind, für eine Musik-DVD im Handel mehr zu zahlen als dies auf einer Live-Musikveranstaltung der Fall ist.[127]

---

[126] Quelle: Eigene Abbildung.

[127] Es gaben weiterhin 266 Probanden an, dass sie unabhängig vom Preis und von der Verfügbarkeit keine Musik-DVDs auf einem Konzert erwerben, sowie 163 der Befragten diese Angabe für den Kauf einer Musik-DVD im Handel machten.

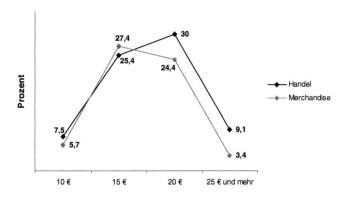

Abbildung 21: Preisakzeptanz für Musik-DVDs (Handel/Merchandise)[128]

Die Frage, ob der Proband die Preise auf Konzerten als zu hoch empfindet, bejahten 65,5% der befragten Personen. Gleich viele Probanden trafen die Aussage, dass sie mehr Tonträger auf Konzerten kaufen würden, wenn diese 2 Euro günstiger wären. Es lässt sich demzufolge die Vermutung anstellen, dass die Tonträgerverkäufe bei einer geringen Preisreduktion in hohem Ausmaß steigen würden.

---

[128] Quelle: Eigene Abbildung.

3.5 Die Expertenbefragung in der Theorie der Marktforschung

Nachdem die Umfrage der Konsumenten durchgeführt wurde, steht nun die Expertenbefragung im Fokus des Forschungsprojektes. Auch hier wird als Grundlage zunächst die Expertenbefragung als Erhebungsmethode in der Theorie der Marktforschung vorgestellt.

3.5.1 Begriffsabgrenzung „Experten"

Als Experten werden solche Personen bezeichnet, die „aufgrund ihres Fachwissens eine gewisse fachliche Autorität"[129] innehaben.

Im Rahmen dieses Forschungsprojektes definiere ich Experten als Fachleute, welche, resultierend aus ihrer fachlichen Kompetenz sowie einschlägiger und langjähriger Erfahrung und praktischer Tätigkeit in der Musikbranche, über ein exklusives und umfassendes Wissensspektrum verfügen. Ihr wissenschaftliches Wissen, ihre Expertise und ihre Meinungen sollen dazu verhelfen, Erkenntnisse über das Zusammenwirken des Tonträger- und des Live-Musikmarktes zu erlangen.

3.5.2 Forschungsmethoden und Interviewformen

Die Befragung von Experten erfolgt üblicherweise in Form eines qualitativen Interviews. Dieses wird als persönliche oder telefonische Befragung verstanden, mit welcher die unverzerrte und möglichst vollständige Sammlung von Informationen angestrebt wird.[130]

Neben dem qualitativen Interview zählen die Gruppendiskussion und die indirekte Befragung mit Hilfe projektiver und assoziativer Verfahren zu den qualitativen Befragungsmethoden.[131] Auf die Darstellung dieser Methoden soll jedoch im Rahmen dieser Arbeit verzichtet werden.

Weiterhin unterscheidet man zwischen drei grundsätzlichen Formen qualitativer Interviews. Bei der explorativen Methode werden Wissen, Erfahrungen oder Einstellungen der Befragten ermittelt. Explorative oder auch freie Interviews sind offene und weitestgehend nicht standardisierte Befragungen, bei denen der Interviewer den Ablauf des Gespräches

---

[129] Quelle: Kepper, G.: a.a.O., 1. Aufl., Wiesbaden 1994, S. 40.

[130] Vgl. Herrmann, A./Homburg, C.: „Marktforschung", 1. Aufl., Wiesbaden 1999, S. 165.

[131] Vgl. Kepper, G.: a.a.O. S. 32 f.

mitsteuern kann. Die Aufgabe solcher Interviews liegt nicht in der Analyse der erhobenen Kommunikationsbeiträge sondern vielmehr in der umfassenden Sammlung individueller Sachinformationen.

Das psychologische Tiefeninterview dient dazu, unbewusste oder nur schwer erfassbare Motive und Einstellungen zu untersuchen, welches mittels einer nachträglichen Interpretation geschieht.

Das fokussierte Interview kombiniert die Befragung mit der Präsentation bestimmter Stimuli, wie beispielsweise Filmen, Zeitungsartikeln oder Werbeanzeigen. Nach der Stimuluspräsentation folgt ein stark gelenktes und sehr themenzentriertes Interview.[132]

Bei Experteninterviews findet typischerweise die explorative Interviewform Anwendung.[133]

3.5.3 Prinzipien der qualitativen Forschung

Die qualitative Marktforschung folgt den zentralen Merkmalen Offenheit, Kommunikativität und Typisierung. Offenheit bedeutet in diesem Zusammenhang, dass auf einengende Vorgaben des Interviewers verzichtet wird.[134] Es besteht folglich keine oder nur eine teilweise Standardisierung der Befragung, was beinhaltet, dass der Interviewer an keine konkrete Fragengestaltung gebunden ist. Es wird zudem ein hohes Maß an Flexibilität von ihm erwartet um spontan auf neue Aspekte reagieren und gegebenenfalls zusätzliche Fragen mit einbringen zu können. In Bezug auf die Auskunftsperson meint Offenheit den Verzicht auf eine Beschränkung von Antwortmöglichkeiten um dem Befragten möglichst viel Freiraum zu gewähren und die Erzählbereitschaft zu fördern.[135]

Das Prinzip der Kommunikativität umfasst den Anspruch einer konsequenten Ausrichtung an der Auskunftsperson, erzeugt durch eine deutliche Zurückhaltung des Interviewers während des Gespräches. Es finden individuelle Kommunikationsprozesse zwischen Interviewer und Auskunftsperson statt, die durch den Verzicht von vorgegebenen Antwortkategorien eine natürliche Gesprächssituation hervorrufen sollen.[136]

Das Merkmal Typisierung bezieht sich darauf, inhaltliche und charakteristische Merkmale in Bezug auf die Problemstellung zu extrahieren, anstatt einer statistischen Repräsentanz

---

[132] Vgl. Herrmann, A./Homburg, C.: a.a.O., S. 167 ff.

[133] Vgl. Kepper, G.: a.a.O., S. 40.

[134] Vgl. Herrmann, A./Homburg, C.: a.a.O., S. 161.

[135] Vgl. Churchill, G.: „Basic Marketing Research", 1. Aufl., Chicago 1988, S. 202 ff.

[136] Vgl. Herrmann, A./Homburg, C.: a.a.O., S. 161.

gerecht zu werden. Dasselbe Prinzip kommt bei der Stichproben-Auswahl zum tragen, bei der man nach inhaltlichen, und nicht nach repräsentativen Kriterien vorgeht.[137]

3.5.4 Erstellung eines Interviewleitfadens

Um zu gewährleisten, dass die wesentlichen Aspekte im Gesprächsverlauf thematisiert werden und die einzelnen Interviews untereinander vergleichbar sind, werden die Gespräche mit Hilfe eines Interviewleitfadens durchgeführt. Der Leitfaden dient hierbei allerdings nur als grobe Skizze, welchen der Interviewer je nach Umständen flexibel anwenden und verfolgen sollte.[138]

Das Interview und entsprechend der Leitfaden lassen sich in drei Phasen unterteilen: Der Gesprächseinstieg, die Haupterzählung und der Gesprächsabschluss.

Der Gesprächseinstieg dient unter anderem dazu, zu klären, was von der Auskunftsperson erwartet wird und wie viel Zeit das Interview in etwa beansprucht. Zudem wird hier darauf hingewiesen, dass es sich um ein offenes Gespräch handelt, in dem der Befragte gebeten ist, möglichst frei zu erzählen. Entscheidet sich der Interviewer dazu, dass Gespräch aufzuzeichnen, was für eine lückenlose Erfassung der Befragung sehr sinnvoll, wenn nicht sogar notwendig ist, so sollte die Auskunftsperson um die Erlaubnis dieser Aufzeichnung gebeten werden.

Die Haupterzählung bildet den Kern der eigentlichen Befragung und beginnt mit einer Einstiegsfrage, die relativ allgemein gehalten werden sollte um den Interviewpartner in das Thema einzuführen. Die übrigen Fragen sollten einem Ablauf vom Allgemeinen zum Speziellen folgen.

Das Interview endet mit der Gesprächsabschlussphase. An dieser Stelle können Fragen wie z.B. über eine spätere Kontaktmöglichkeit, falls seitens des Interviewers noch Fragen entstehen, geklärt werden.[139]

---

[137] Vgl. Herrmann, A./Homburg, C.: a.a.O., S. 161 f.

[138] Vgl. Berekoven, L. et al.: a.a.O.: S. 98.

[139] Vgl. Froschauer, U./Lueger, M.: „Das qualitative Interview", 1.Aufl., Wien 2003, S. 66 ff.

3.5.5 Interviewtechniken

Bei dem explorativen Interview, welches in dieser Arbeit Anwendung findet, unterscheidet man die narrative und die problemzentrierte Gesprächstechnik. Bei Ersterer handelt es sich um ein maximal offenes Verfahren, dass sich hauptsächlich auf die freie Erzählung stützt.

Die problemzentrierte Technik gestaltet sich weniger offen als die narrative Gesprächstechnik und impliziert eine stärkere Thematisierung kritischer Inhalte und eine größere Problemorientierung.

Während der Interviewer bei der narrativen Technik eher eine zurückhaltend-interessierte Rolle einnimmt und als Zuhörer fungiert, besteht seine Aufgabe beim Einsatz der problemzentrierten Technik darin, provozierende Kommunikationsstrategien anzuwenden um Begründungen, Erklärungen, Urteile und Meinungen des Befragten zu erkennen.[140]

3.5.6 Gütekriterien

Es wurde in Kapitel 3.2.6 erläutert, dass die Daten einer quantitativen Untersuchung dann als verlässlich anzusehen sind, wenn sie die drei klassischen Gütekriterien Objektivität, Reliabilität und Validität erfüllen.

Im Rahmen der qualitativen Forschung stößt man hier jedoch auf einige Probleme. Würde man beispielsweise dem Kriterium der Objektivität in dem Sinne gerecht werden, als dass man möglichst wenig Interaktion zwischen dem Interviewer und der Auskunftsperson stattfinden ließe, widerspräche man dem Prinzip der Kommunikativität (vgl. Kapitel 3.5.3). Es bestünde hier die Gefahr einer künstlichen Situation, welche die Ergebnisse verzerren könnte.[141]

Ein weiteres Beispiel für die Problematik der Gütekriterienprüfung ist die Berücksichtigung der Reliabilität. Wie in Kapitel 3.2.6 erläutert, gilt eine Untersuchung dann als reliabel, wenn die Untersuchungsergebnisse unter konstanten Messbedingungen reproduzierbar sind. Im Gegensatz zu der quantitativen Forschung folgen die Erhebungsmethoden der qualitativen Forschung jedoch dem Prinzip der Individualität, so dass sich die Ergebnisse wohl nur in den seltensten Fällen wiederholen ließen.[142]

---

[140] Vgl. Kepper, G.: a.a.O., S. 40 ff.

[141] Vgl. Lamnek, S.: „Qualitative Sozialforschung", 1. Aufl., Weinheim 1988, S. 166.

[142] Vgl. Kepper, G.: a.a.O., S. 194.

Da die Objektivität und die Reliabilität eine notwendige Bedingung für die Validität sind, ist es eine logische Konsequenz, dass auch bei der Erfüllung dieses dritten Kriteriums erhebliche Probleme auftreten.

Aufgrund der geringen Eignung der klassischen Gütekriterien werden nun spezielle Kriterien für die qualitative Forschung hinzugezogen.

Mayring schlägt vor, die Güte qualitativer Erhebungen anhand folgender sechs Kriterien zu bewerten.[143]

- Verfahrensdokumentation:
  Es muss eine detaillierte Beschreibung des Forschungsprozesses hinsichtlich des Vorverständnisses, der Analyseinstrumente sowie der Durchführung und Auswertung erfolgen.
- Argumentative Interpretationsabsicherung:
  Interpretationen müssen schlüssig und argumentativ begründet sein. Des Weiteren ist immer auch zu überprüfen, inwiefern alternative Deutungen sinnvoll sind.
- Regelgeleitetheit:
  Trotz des freien Charakters der qualitativen Forschung muss systematisch vorgegangen werden. Es ist wichtig, dass man sich an Verfahrensregeln, wie der sinnvollen Unterteilung des Materials oder dem schrittweisen Vorgehen, hält.
- Nähe zum Gegenstand:
  Künstliche Untersuchungssituationen sollten vermieden werden. Stattdessen sollte die Untersuchung in möglichst natürlicher Umgebung stattfinden.
- Kommunikative Validierung:
  Die Gültigkeit der Ergebnisse kann geprüft werden, indem die Ergebnisse den Befragten vorgelegt und mit ihnen diskutiert werden. Finden diese sich in den Aussagen wieder, kann dies Aufschluss über die Gültigkeit der Ergebnisse geben.
- Triangulation:
  Die Qualität der Untersuchung kann durch den Einsatz und den Vergleich mehrerer Analysen, z.B. durch verschiedene Interpreten oder Methoden, gesteigert werden.

---

[143] Vgl. Mayring, P.: „Einführung in die qualitative Sozialforschung", 5. Aufl., Weinheim 2002, S. 144 ff.

3.6 Realisation der Expertenbefragungen

Nachdem im vorherigen Kapitel auf die theoretischen Grundlagen eingegangen wurde, wird im Folgenden die Durchführung der Experteninterviews im Rahmen des Forschungsprojektes dargestellt.

3.6.1 Wahl der Forschungsmethode und der Interviewform

Da es durch die Befragung von Fachleuten möglich ist, Insiderwissen zu erlangen, welches für mein Forschungsprojekt von großer Bedeutung ist und sich höchstwahrscheinlich durch keine andere Methode ermitteln ließe, habe ich mich dazu entschieden, ein Experteninterview durchzuführen. Die durchgeführten Interviews erfolgten in telefonischer Form.

Ich verfolge mit dem Verfahren der Expertenbefragung die Intention, Wissen, Erfahrungen und Meinungen von Fachleuten der Musikbranche zu sammeln. Es bietet sich daher eindeutig die explorative Methode an, welche, wie in Kapitel 3.5.2 erwähnt, typischerweise bei Experteninterviews zum Einsatz kommt.

3.6.2 Auswahl der Experten

Zur Durchführung der Interviews wurden fünf Fachleute ausgewählt, die über ein spezifisches Praxis- und Erfahrungswissen im Musikgeschäft verfügen und somit als privilegierte Informanten für meinen Untersuchungsgegenstand galten. Da es mir wichtig war, Fachleute aus unterschiedlichen Handlungsfeldern einzubeziehen, um verschiedene Perspektiven und Blickwinkel zu berücksichtigen, habe ich die Experten bewusst nach verschiedenen Akteursebenen innerhalb der Musikbranche ausgewählt.
Die Stichprobe setzt sich konkret aus folgenden Interviewpartnern zusammen:

Tim Renner, Gründer und Geschäftsführer der Tonträgerfirma *Motor Music GmbH* und von 2001 bis 2004 Konzernchef des weltweit größten Major Labels *Universal*. Im Herbst 2004 veröffentlichte er sein Buch „Kinder, der Tod ist gar nicht so schlimm! Über die Zukunft der Musik- und Medienbranche". Darüber hinaus gründete er *Motor.de*, das internetbasierte Musikpool und den Radiosender *MotorFM*.

Peter Zombik, seit 1982 Geschäftsführer des *Bundesverbandes der Phonographischen Wirtschaft e.V.* und der Deutschen Landesgruppe der *International Federation of the Phonographic Industry e.V. (IFPI)*.[144] Seit 1998 zusätzlich Berufung zur Geschäftsführung der *Gesellschaft zur Verwertung von Leistungsschutzrechten mbH (GVL)*.[145]

Martin Schruefer, seit 2004 Chefredakteur der Zeitschrift *Musikmarkt LIVE! – Das Branchenmagazin für Live-Entertainment* und Ressortleiter des Bereiches Live-Entertainment bei der Zeitschrift „*Der Musikmarkt*". Zuvor vierjährige Tätigkeit als Redakteur und Ressortleiter des Bereiches „Live-Entertainment" bei der Zeitschrift *Musikwoche*.

Mark Löscher, seit 2001 Produktmanager und Marketing Director des Berliner Independent Labels[146] *Four Music Productions GmbH*. Von 1999 bis 2001 Tourveranstalter der Booking Agentur *Four Artists GmbH*.

Michael Bisping, gründete 1985 die national und international agierenden Hamburger Konzertagentur *A.S.S. Concert & Promotion GmbH* und ist seit dem Bestehen geschäftsführender Gesellschafter.

---

[144] Der Bundesverband der phonographischen Wirtschaft e.V. und die IFPI bilden mit der Phono-Akademie zusammen die deutschen Phonoverbände. Diese sind zentrale Ansprechpartner in allen Fragen des Phonomarktes einschließlich seiner wirtschaftlichen und rechtlichen Rahmenbedingungen. Die deutschen Phonoverbände vertreten die Interessen von ca. 1000 Tonträgerherstellern und repräsentieren mehr als 90% des Marktes. Vgl. http://www.ifpi.de/, Stand: 18.12.2005.

[145] Die GVL ist die urheberrechtliche Vertretung der ausübenden Künstler und der Tonträgerhersteller. Vgl. http://www.gvl.de/, Stand: 27.01.2006.

[146] Unter einem „Independent Label" oder auch „Independent", versteht man auf dem Musikmarkt kleine, unabhängige Tonträgerfirmen, welche sich durch ihren musikalischen Individualismus von der kommerziellen Musikkultur der Majors abgrenzen. Vgl. Vormehr, U.: „Independents" in „Handbuch der Musikwirtschaft", Moser, R./Scheuermann, A.: a.a.O., S. 223.

3.6.3 Erstellung eines Interviewleitfadens

Wie in Kapitel 3.5.4 beschrieben, besteht der Leitfaden aus den drei Teilen Gesprächseinstieg, Haupterzählung und Gesprächsabschluss.

Ich hielt es für adäquat, bereits bei der Rekrutierung der interviewten Personen, die durch
eine telefonische Kontaktaufnahme erfolgte, über den genauen Gegenstand, den Hintergrund und die Zielsetzung der Befragung zu informieren. Zudem wurde den Auskunftspersonen in einem ersten Gespräch die Anonymität der Befragung[147] zugesichert und um die
Erlaubnis gebeten das Interview aufzuzeichnen. Ich erachtete es für sinnvoll, dieses bereits vor dem Stattfinden des Interviews zu klären, da es sich hier meiner Meinung nach
um wichtige Informationen zur Entscheidung über die Gesprächsbereitschaft handelt.

Im Gesprächseinstieg wurde noch einmal kurz der Gegenstand und die Begründung der
Aufzeichnung wiederholt und über die ungefähre Dauer des Interviews informiert. Ich habe
daneben meine Erwartungen an das Interview herausgestellt und um ein freies Erzählen
gebeten.

Im Folgenden sind die einzelnen Fragen des Leitfadens und der Hintergrund der jeweiligen Fragestellung aufgeführt.

<u>Gibt es ihrer Meinung nach einen Einfluss von Live-Musikveranstaltungen auf das Hörver-
halten und den Tonträgerkonsum der Konzertbesucher? Wenn ja, wie äußert sich dieser?</u>

Durch die quantitative Befragung ließ sich ermitteln, dass ein Konzert oftmals das Hörverhalten sowie den Tonträgerkonsum der Besucher positiv beeinflusst. (vgl. Kapitel 3.4.3).
Die Intention dieser Einstiegsfrage ist es, herauszufinden, ob die Fachleute diesen Sachverhalt bestätigen können. Der Einfluss von Live-Musikveranstaltungen auf das Hörverhalten und den Tonträgerkonsum stellt letztlich die Basis späterer Handlungsempfehlungen
dar.

---

[147] Die Anonymität der Befragung wurde nach Absprache mit den Interviewpartnern insofern gewahrt, als
dass die Namen der Befragten nicht den jeweiligen Interviews bzw. den jeweiligen Aussagen zugeordnet
wurden. Auch stimmt die oben aufgeführte Reihenfolge der Experten nicht mit der Reihenfolge der im Anhang befindlichen Interviews überein.

Der Markt für Live-Musikveranstaltungen wies in den letzten Jahren eine positive Umsatzentwicklung auf. Leider liegt kein Zahlenmaterial über die Mengen- und die Preisentwicklung von Konzertkarten vor. Worin sehen sie die Gründe für diese positive Umsatzentwicklung?

Wie in Kapitel 2.2 erläutert, existiert kein offizielles Zahlenmaterial über die Mengen- und Preisentwicklung von Konzertkarten für den deutschen Live-Musikmarkt. Daher hielt ich es für interessant zu erfahren, worin die Fachleute die Gründe der positiven Umsatzentwicklung des Live-Musikmarktes sehen. Die Aussagen der Experten zu dieser Frage dienen als Ergänzung der in Kapitel 2.2 dargestellten Entwicklung des Live-Musikmarktes.

Gibt es bereits ein Zusammenwirken des Live-Musik- und des Tonträgermarktes um die Tonträgerverkäufe zu steigern? Wenn ja, inwiefern?

Um, aufbauend auf das Forschungsprojekt, mögliche Handlungsempfehlungen für ein Zusammenwirken des Live-Musikmarktes und des Tonträgermarktes aufzustellen, ist es von Interesse, ob und gegebenenfalls inwiefern es bereits eine Zusammenarbeit dieser beiden Märkte gibt. Das Zusammenwirken ist, gemäß der Zielsetzung dieser Arbeit, bezogen auf die Intensivierung der Tonträgerverkäufe. Da sich weder in der Literatur noch im Internet ausreichend Informationen hierüber ermitteln ließen, ist das Insiderwissen der Fachleute von großer Bedeutung, um Aussagen über diesen Gegenstand zu erlangen.

Orientiert man sich bei dem Vertrieb von Tonträgern bereits an dem Stattfinden von Konzerten? Wenn ja, inwiefern?

In Kapitel 4 sollen unter anderem Handlungsempfehlungen bezogen auf den Vertrieb von Tonträgern erörtert werden. Aus diesem Grund wurde diese Frage vor demselben Hintergrund wie die vorherige Frage gestellt. Um Handlungsempfehlungen über das Zusammenwirken der beiden Märkte zu geben, ist es wichtig, vorab zu wissen, welche Maßnahmen diesbezüglich bereits existent sind.

Die Tonträgerindustrie hat in den letzten Jahren viele Gegensteuerungsmaßnahmen entwickelt um der regressiven Entwicklung des Tonträgermarktes Einhalt zu gebieten. Denken sie, dass weitere Maßnahmen in dem Zusammenwirken des Live-Musik- und des Tonträgermarktes liegen könnten? Wenn ja, wie könnte dieses Zusammenwirken aussehen?

Bei dieser Frage war es mir wichtig, durch die Expertise und die persönliche Einschätzung der Brancheninsider, Anregungen für spätere Handlungsempfehlungen zu erlangen. Hierfür wurde zunächst erfragt, ob die Auskunftsperson es überhaupt für sinnvoll erachtet, das Zusammenwirken des Live-Musik- und des Tonträgermarktes zur Steigerung der Tonträgerverkäufe zu intensivieren.

Was halten sie von einem Rabattsystem, welches in der Weise funktioniert, als dass man beim Kauf einer Konzertkarte beispielsweise einen Coupon erhält, mit dem man einen bestimmten Rabatt auf einen Tonträger der jeweiligen Band bzw. des jeweiligen Musikers erhält – entweder auf dem Konzert direkt oder für eine bestimmte Zeit vor/nach dem Konzert im Handel?

In der Konsumentenbefragung habe ich bereits Fragen einbezogen, welche zum Testen der Möglichkeit von Rabatten dienen sollten (vgl. Kapitel 3.3.2). Analog dazu wurde im Rahmen der Experteninterviews die obige Frage gestellt. Es handelt sich hierbei um die Idee einer möglichen Handlungsempfehlung, welche in Kapitel 4 näher dargestellt wird.

Die Gesprächsabschlussphase beendete das Interview, indem unter anderem erfragt wurde, ob die Auskunftsperson einverstanden damit ist, dass ich ihm das Ergebnis des Interviews per E-Mail zuschicke, um daraufhin ein kurzes Feedback zu erhalten (vgl. Kapitel 3.6.5). Des Weiteren enthielt der Gesprächsabschluss eine Danksagung und die Frage, ob der Interviewpartner noch etwas zu ergänzen oder Fragen zu klären hat.

3.6.4 Gesprächstechniken

Bei den Experteninterviews, die im Rahmen dieses Forschungsprojektes durchgeführt wurden, empfahl es sich, die offene und freie Gesprächstechnik der narrativen Vorgehensweise anzuwenden (vgl. Kapitel 3.5.5). Die Begründung dafür liegt darin, dass hier keine kritischen Inhalte diskutiert wurden, bei der provozierende Kommunikationsstrategien erforderlich wären, wie es bei der problemzentrierten Technik der Fall ist.

3.6.5 Berücksichtigung der Gütekriterien

Die durchgeführte Untersuchung wurde den in Kapitel 3.5.6 aufgeführten Gütekriterien nach Mayring weitestgehend gerecht. So wurden der Forschungsprozess und die Vorgehensweise ausführlich dargestellt. Die Auskunftspersonen drückten sich deutlich und unmissverständlich aus, so dass es keiner weiteren Interpretationen und alternativen Deutungen des Gesagten bedurfte. Des Weiteren wurde die Untersuchung anhand der Regeln der qualitativen Forschung systematisch durchgeführt. Der Nähe zum Gegenstand konnte, da es sich um telefonische Befragungen handelte, nur in sofern Rechnung getragen werden, als dass zum einen versucht wurde, den Gesprächsverlauf möglichst natürlich zu gestalten. Zum anderen wurde darauf geachtet, nicht den Eindruck eines künstlichen „Abfragens" zu erzeugen. Die kommunikative Validierung wurde gewährleistet, indem die Ergebnisse den Interviewpartnern per E-Mail zugesandt wurden, um ein anschließendes Feedback zu erhalten und gegebenenfalls Änderungen vorzunehmen (vgl. Kapitel 3.6.3). Auf das Gütekriterium der Triangulation wurde im Rahmen der durchgeführten Befragung verzichtet.

3.7 Auswertung der Expertenbefragungen

Die qualitative Forschung bietet unterschiedliche Auswertungsmethoden. Im Folgenden wird jedoch nur die für diese Untersuchung angewandte Methode der qualitativen Inhaltsanalyse skizziert und anschließend für die durchgeführten Experteninterviews vollzogen.

3.7.1 Die qualitative Inhaltsanalyse in der Theorie

Die Aufgaben einer Inhaltsanalyse bestehen darin, Kommunikation zu analysieren, dabei systematisch und regelgeleitet vorzugehen, mit dem Hauptziel, „Rückschlüsse auf bestimmte Aspekte der Kommunikation zu ziehen".[148]

Am Anfang einer qualitativen Inhaltsanalyse steht die Aufbereitung der erhobenen Informationen mittels der Transkription. Es finden sich hierzu unterschiedlich aufwendige Notationssysteme. Bei Experteninterviews wird üblicherweise nicht die gesamte Tonaufnahme transkribiert. So werden Aussagen, die nicht relevant für das Forschungsinteresse sind oft eliminiert und somit nicht zum Gegenstand der Auswertung.[149]
Mayring unterscheidet drei Grundformen zur Auswertung und Interpretation der erhobenen Daten: Die Zusammenfassung, die Explikation und die Strukturierung. Da sich für die Auswertung der vorliegenden Experteninterviews die zusammenfassende Grundform anbietet, wird auch nur auf diese näher eingegangen.[150]

Das Ziel der zusammenfassenden Analyse ist es, das Material so zu komprimieren, dass lediglich die wesentlichen Inhalte erhalten bleiben. Das allgemeine Ablaufmodell ist hierbei in sieben Schritte unterteilt[151], die an dieser Stelle aufgeführt werden sollen:

---

[148] Vgl. Mayring, P.: „Qualitative Inhaltsanalyse", 8. Aufl., Weinheim, 2003, S. 13.

[149] Vgl. Kepper, G.: a.a.O., S. 83.

[150] Vgl. Mayring, P.: a.a.O., S. 58.

[151] Vgl. Mayring, P.: a.a.O., S. 59 ff.

1. Bestimmung der Analyseeinheiten:

   Durch die Fragestellung wird festgelegt, welche Analyseeinheiten interpretiert werden sollen.

2. Paraphrasierung der inhaltstragenden Textstellen

   Das Material wird in eine knappe, nur auf den Inhalt beschränkte Form umgeschrieben.

3. Bestimmung des Abstraktionsniveaus und Generalisierung der Paraphrasen

   Hier wird die Abstraktion des Materials festgelegt. Die Paraphrasen, die nicht dem Abstraktionsniveau entsprechen, werden umformuliert und generalisiert.

4. Reduktion durch Selektion

   Durch die vorangegangene Generalisierung sind inhaltsgleiche Paraphrasen entstanden, welche gestrichen werden können. Ebenfalls werden bedeutungslose Paraphrasen eliminiert.

5. Reduktion durch Bündelung

   Bei diesem Reduzierungsschritt werden mehrere bedeutungsgleiche Paraphrasen zusammengefasst und in einer zentralen Aussage wiedergegeben.

6. Zusammenstellung der neuen Aussagen als Kategoriesystem

   Nach diesem Reduktionsprozess wird nun mittels der, in der qualitativen Inhaltsanalyse zumeist angewandten, induktiven Kategoriebildung ein Verallgemeinerungsprozess aus dem Material abgeleitet.

   Zunächst wird entsprechend der Fragestellung der Untersuchung festgelegt, anhand welchen Materials Kategorien gebildet werden. Neben der Kategorisierung der Paraphrasen, wird erneut ein Abstraktionsniveau für die Kategoriebildung bestimmt. Nach dieser Festlegung wird das Material durchgearbeitet. Sofern die Kriterien erfüllt werden, wird eine Kategorie gebildet, deren Benennung relativ textnah erfolgt. Im weiteren Verlauf der Sichtung wird bei jeder Passage, welche die Kriterien erfüllt, geprüft, ob sie der vorhandenen Kategorie zugeordnet werden kann (Subsumption), oder ob eine neue Kategorie zu bilden ist.

7. Rücküberprüfung des zusammenfassenden Kategoriesystems am Ausgangsmaterial

   Nach Beendigung der Kategoriebildung wird anhand der Paraphrasen aus dem ersten Reduktionsschritt oder des Ausgangsmaterials überprüft, ob alle wichtigen Aussagen durch die Kategorien repräsentiert werden.

Für den gesamten Vorgang gilt die Regel, dass im Zweifel theoretische Vorannahmen zu Hilfe genommen werden. Das Ergebnis dieses Ablaufmodells ist ein System an Kategorien zu einem bestimmten Untersuchungsgegenstand.

3.7.2 Durchführung der qualitativen Inhaltsanalyse

Gemäß der im vorherigen Unterkapitel geschilderten Vorgehensweise wurden zunächst die aufgezeichneten Tonbandaufnahmen transkribiert. Wie bei Experteninterviews üblich, wurden nur die relevanten Textpassagen schriftlich fixiert (vgl. Kapitel 3.7.1). Es sei erwähnt, dass Aussagen, bei denen sich der Interviewpartner innerhalb einer Frage wiederholte, bei der Paraphrasierung nur einmal schriftlich fixiert wurden. Die transkribierten Interviews befinden sich im Anhang dieser Arbeit. Anschließend wurden die Fragen einzeln, mit Hilfe der zusammenfassenden Analyse, ausgewertet. Nicht berücksichtigt wurde hierbei die Frage, bei welcher der Interviewpartner gebeten wurde, die Gründe für die positive Umsatzentwicklung der Live-Musikbranche zu nennen, da dies nur eine Ergänzung der in Kapitel 2.2 aufgeführten Entwicklung des Live-Musikmarktes darstellen sollte (vgl. Kapitel 3.6.3).

Im Folgenden werden die einzelnen Leitfragen noch einmal aufgegriffen und anschließend jeweils die Kategorien, die sich aus den Antworten ableiten ließen, aufgeführt. In den nachstehenden Klammern der entsprechenden Kategorie ist angegeben, wie viele der Befragten eine Aussage trafen, die sich dieser Kategorie zuordnen ließ.

<u>Gibt es ihrer Meinung nach einen Einfluss von Live-Musikveranstaltungen auf das Hörverhalten und den Tonträgerkonsum der Konzertbesucher? Wenn ja, wie äußert sich dieser?</u>

K 1: Positiver Einfluss auf das Hörverhalten (3)

K 2: Stärkere Bindung zum Künstler (3)

K 3: Positiver Einfluss auf den Tonträgerkonsum (2)

K 4: Abhängig von der Live-Qualität des Künstlers (1)

Die Auswertung dieser Frage ergab, dass die Experten einheitlich der Meinung sind, dass ein Einfluss von Live-Musikveranstaltungen auf das Konsumentenverhalten besteht. Drei der fünf Befragten gaben an, dass der Konsument die Musik aufgrund eines Konzertes häufiger hört. Darüber hinaus wurde von drei Fachleuten angegeben, dass eine Live-Musikveranstaltung eine stärkere Bindung zu dem Künstler zur Folge haben kann. Diese

Aussage lässt die Interpretation zu, dass auch in diesem Fall die Musik der jeweiligen Band bzw. des jeweiligen Künstlers häufiger gehört wird.

Bei der quantitativen Befragung ergab sich, dass mehr als 60% der Probanden die entsprechende Musik aufgrund eines erlebten Konzertes öfter hören (vgl. Kapitel 3.4.3). Es lässt sich also sowohl anhand der quantitativen als auch der qualitativen Befragungen konstatieren, dass oftmals ein positiver Einfluss von Live-Musikveranstaltungen auf das Hörverhalten der Konsumenten besteht.

Bezüglich des Einflusses von Konzerten auf das Konsumverhalten, äußerten zwei der Befragten, dass Live-Konzerte zu erhöhtem Tonträgerkonsum führen. Die anderen Auskunftspersonen trafen hierzu keine Aussage, wobei die Angabe, dass eine stärkere Bindung zu dem Künstler aufgebaut wird, ebenfalls implizieren kann, dass dies zu einem erhöhten Tonträgerkonsum führt.

Analog hierzu sei das Ergebnis der Konsumentenbefragung nochmals erwähnt. Es ergab sich, dass, am Beispiel der quantitativen Umfrage, nahezu jeder vierte Konzertbesuch einen Tonträgerkauf zur Folge hat. Weiterhin stellte sich heraus, dass jeder sechste Tonträger beeinflusst durch erlebte oder bevorstehende Live-Musikveranstaltungen erworben wird. (vgl. Kapitel 3.4.3). Sowohl die Konsumentenbefragung, als auch die Befragung der Fachleute ergaben demnach, dass ein erlebtes Live-Konzert oftmals einen Tonträgerkauf zur Folge hat.

„Wenn sozusagen der Schweiß von der Gitarre tropft und die Bühnenperformance des Künstlers sich der totalen Ekstase nähert, vermag auch der weniger interessierte Hörer nachzuvollziehen, welche Kraft in auf Silberscheiben gepresster Musik stecken kann."[152]

Gibt es bereits ein Zusammenwirken des Live-Musik- und des Tonträgermarktes um die Tonträgerverkäufe zu steigern? Wenn ja, inwiefern?

K 1: Ja, aber in zu geringem Maße (1)

K 2: Es gibt den Versuch, sich gegenseitig zu helfen (1)

K 3: Nein, es gibt kein Zusammenwirken (1)

K 4: Es gibt Ansätze für ein Zusammenwirken (2)

K 5: Eine Zusammenarbeit gibt es hier eher bei kleinen Künstlern (1)

---

[152] Vgl. Anhang: Experteninterview 4.

Bei dieser Frage stellte sich heraus, dass keiner der Fachleute angab, dass ein intensives und ausgeprägtes Zusammenarbeiten zwischen den Akteuren des Live-Musik- und denen des Tonträgermarktes bestehe. Wenn von einer Zusammenarbeit gesprochen wurde, dann wurde es eher als einen Ansatz oder den Versuch eines Zusammenwirkens beschrieben. Einer der Befragten gab an, dass eine solche Zusammenarbeit lediglich bei kleinen Künstlern zu beobachten sei, da dort ein Bestreben, überhaupt Tonträger zu verkaufen, vorhanden ist und entsprechend die Bemühungen größer sind. Es bleibt also festzuhalten, dass, obwohl offensichtlich eine Wechselbeziehung zwischen dem Tonträger- und dem Live-Musikmarkt besteht, keine enge Zusammenarbeit zwischen den beiden Marktpartnern existiert um die Absätze von Tonträgern zu intensivieren. So beurteilte beispielsweise einer der Fachleute: *„Es wird einfach immer noch nicht die Synergie erkannt, dass Käufer einer Eintrittskarte auf das Konzert gehen, weil sie sich höchstwahrscheinlich einen Tonträger dieser Band zuvor gekauft haben. Wer sich nun einmal einen Tonträger kauft, der wird dies auch wieder tun. Also sind Konzertgänger ideale Plattenkonsumenten, werden aber viel zu selten von den Tonträgerfirmen angesprochen."*[153]

<u>Orientiert man sich bei dem Vertrieb von Tonträgern bereits an dem Stattfinden von Konzerten? Wenn ja, inwiefern?</u>

K 1: Ja, aber mit Einschränkung (2)
K 2: Verkauf von Tonträgern im örtlichen Handel aufgrund von Informationen der Konzertveranstalter über das Stattfinden von Konzerten (2)
K 3: Verkauf von Tonträgern auf dem Konzert (4)
K 4: Aktivitäten der Händler sind weitestgehend die Ausnahme (1)

Bei dieser Frage ergab sich, dass, gemäß den Aussagen der Fachleute, eine Orientierung an dem Stattfinden von Konzerten bezüglich des Tonträgervertriebs insofern besteht, als dass oftmals ein Verkauf von Tonträgern auf dem Konzert erfolgt. Diese Maßnahme wurde von vier der Befragten angegeben. Einer der Fachleute beurteilte: *„Es ist an sich ein sehr beachtliches und lukratives Zusatzgeschäft, auf einem Konzert Tonträger zu verkaufen."*[154] In diesem Zusammenhang sei auch noch einmal darauf hingewiesen, dass mehr als jeder Vierte aller Probanden der quantitativen Befragung die Präferenz aufwies, einen Tonträger

---

[153] Vgl. Anhang: Experteninterview 1.
[154] Vgl. Anhang: Experteninterview 5.

auf dem Konzert zu erwerben (vgl. Kapitel 3.4.3). Bezüglich des Tonträgervertriebs auf Konzerten wurde außerdem von zwei Auskunftspersonen die Problematik angebracht, welche dieser Absatzkanal für den Einzelhandel mit sich bringen kann. Wenn ein Label auf einer Live-Musikveranstaltung Tonträger vertreibt, so bedeutet dies als logische Konsequenz, dass die örtlichen Händler Einbußen in ihren Tonträgerverkäufen verzeichnen, was wiederum zu Konflikten zwischen dem Label und den Einzelhändlern führen kann. Weiterhin teilten zwei der Befragten mit, dass Konzertveranstalter, entweder auf direktem oder auf indirektem Wege, die örtlichen Händler über ein bevorstehendes Konzert informieren, damit diese wiederum die Tonträger der jeweiligen Band bzw. des jeweiligen Musikers vor dem Konzert vertreiben. Eine der Auskunftspersonen ergänzte, dass Aktivitäten der Tonträgerhändler vor dem Hintergrund eines stattfindenden Konzertes weitestgehend die Ausnahme seien. Weitere Maßnahmen wurden von den Experten auf diese Frage nicht genannt.

Die Tonträgerindustrie hat in den letzten Jahren viele Gegensteuerungsmaßnahmen entwickelt um der regressiven Entwicklung des Tonträgermarktes Einhalt zu gebieten. Denken sie, dass weitere Maßnahmen in dem Zusammenwirken des Live-Musik- und des Tonträgermarktes liegen könnten? Wenn ja, wie könnte dieses Zusammenwirken aussehen?

K 1: Ja, es ist sinnvoll (4)

Umsetzung durch:

- Kommunikation zwischen Tonträgerbranche und Konzertveranstalter
- Verteilen von Handzetteln auf dem Konzert
- Werbung für Produkte ähnlicher Künstler auf dem Konzert
- gemeinsame Nutzung von Internetseiten zur Vermarktung von Produkten
- Produktinformationen über Leinwände
- Produktinformationen über Musikeinspielungen auf dem Konzert
- Produktinformationen über Give-aways[155]
- Einbringen der Plattenfirmen in das Live-Geschäft
- Einbringen der Konzertveranstalter in das Tonträgergeschäft

---

[155] Unter Give-aways versteht man zu Werbezwecken verteilte Geschenke.

72

K 2: Das ist schwierig (4)

Aufgrund:

- verschiedener Mentalitäten der beiden Märkte
- existierender Vorschriften

Die Maßnahme, das Zusammenwirken des Tonträger- und des Live-Musikmarktes zu Gunsten der Tonträgerverkäufe zu intensivieren, beurteilten vier der fünf Befragten als eine gute und sinnvolle Idee. So äußerte beispielsweise einer der Fachleute, dass *„eine Menge Marketing-Phantasie entfaltet werden kann, um neue Projekte zu starten¹⁵⁶".* Wie oben ersichtlich, wurden zahlreiche Vorschläge zur Umsetzung einer solchen Zusammenarbeit genannt. Betrachtet man hierzu noch einmal die Auswertung der zweiten Frage, bei der sich herausgestellt hat, dass keine enge Zusammenarbeit zwischen den Marktpartnern der Tonträger- und der Live-Musikbranche besteht, um die Absätze von Tonträgern zu intensivieren, so lässt sich feststellen, dass hier offensichtlich ein Defizit bezüglich des Zusammenwirkens dieser beiden Märkte vorliegt. Einer der Experten beurteilte: *„...die Tonträgerbranche kommt einfach nicht auf die Idee, den Konzertbesuchern Produktinformationen zu geben. Die Produktindustrie tut dieses permanent. Es werden auf Konzerten Getränke verteilt, Zigaretten, und alles Mögliche. Die Tonträgerindustrie hingegen tut dies überhaupt nicht."¹⁵⁷*

Die oben genannten Umsetzungsvorschläge der Experten für ein Zusammenwirken der beiden Branchen werden zur Erörterung von Handlungsempfehlungen in Kapitel 4 aufgegriffen.

Eine Zusammenarbeit der beiden Marktpartner bewerteten vier der fünf Auskunftspersonen jedoch als schwierig, vor allem dadurch, dass es sich bei dem Live-Musik- und dem Tonträgermarkt um zwei Märkte mit verschiedenen Mentalitäten handelt. *„Das große Problem ist, dass zwischen Tonträgerwirtschaft und Veranstaltungswirtschaft eine gewisse Sprachlosigkeit besteht. Beide sprechen verschiedene Sprachen und beide haben eine andere Zielsetzung"¹⁵⁸,* wie einer der Befragten anführte. Den Grund dafür sieht dieser Experte darin, dass die Akteure der Tonträgerbranche mit einem Produkt handeln, die Konzert-Veranstalter hingegen auf die Zusammenarbeit mit einem Menschen abzielen.

¹⁵⁶ Vgl. Anhang: Experteninterview 5.
¹⁵⁷ Vgl. Anhang: Experteninterview 1.
¹⁵⁸ Vgl. Anhang: Experteninterview 1.

Was halten sie von einem Rabattsystem, welches in der Weise funktioniert, als dass man beim Kauf einer Konzertkarte beispielsweise einen Coupon erhält, mit dem man einen bestimmten Rabatt auf einen Tonträger der jeweiligen Band bzw. des jeweiligen Musikers erhält – entweder auf dem Konzert direkt oder für eine bestimmte Zeit vor/nach dem Konzert im Handel?

K 1: Das ist eine gute Idee (4)

K 2: Das ist eine exzellente Maßnahme für Bands im mittelgroßen Segment (1)

K 3: Das ist bestimmt umsetzbar (2)

K 4: Es stellt sich die Frage, wer den Rabatt finanziert (2)

K 5: Das würde sich nur mit bekannten Künstlern realisieren lassen (1)

K 6: Das wäre einfacher umsetzbar über den Online-Handel Amazon (2)

K 7: Das wäre viel zu kompliziert (1)

K 8: Es stellt sich die Frage, inwiefern die Investition über den Rabatt kompensiert werden kann (1)

Die Einführung eines Rabattsystems hielten vier der Fachleute für eine gute Idee. So beurteilte ein Experte: *„Dieses System ist ja auch bei anderen Kartensystemen relativ verbreitet. Ich erinnere mich da an Mc Donalds-Gutscheine, die man beim Kauf von Fußballkarten erhält. Oder erst vor kurzem war ich beim Fußballspiel, wo es einen Coupon für eine Gratis-Flasche Bier in einem bestimmten Getränkemarkt gab. Es ist in jedem Fall eine gute Idee.*"[159]

Lediglich einer der Befragten beurteilte dieses als *„viel zu kompliziert.*"[160] Bei zwei Auskunftspersonen kam die Frage auf, wer diesen Rabatt finanzieren würde, d.h. ob der Händler oder die Plattenfirma die zunächst anfallenden Kosten tragen würde. Weiterhin wurde zweifach die Idee angebracht, ein solches Rabattsystem über den Online-Handel Amazon umzusetzen.

---

[159] Vgl. Anhang: Experteninterview 4.

[160] Vgl. Anhang: Experteninterview 3.

4. Handlungsempfehlungen

In den vorangegangenen Kapiteln wurde anhand eines empirischen Forschungsprojektes untersucht, ob eine Live-Musikveranstaltung einen Ansatzpunkt für Maßnahmen darstellen könnte, um der rückläufigen Entwicklung des Tonträgermarktes entgegenzuwirken. Auf Grundlage der Ergebnisse dieser empirischen Studie werden in diesem Kapitel strategische und operative Handlungsempfehlungen für die Tonträgerindustrie erörtert. Zunächst resümiere ich hierfür grundlegende Ergebnisse des Forschungsprojektes, bevor in dem Unterkapitel 4.2 die Formulierung der Handlungsempfehlungen folgt.

Wie bereits in der Einleitung erwähnt, stellen diese Handlungsempfehlungen Möglichkeiten dar, welche einer näheren Analyse, der Bestimmung adäquater Instrumente, sowie der weiteren Prüfung auf Realisierbarkeit bedürfen. Unter Berücksichtigung des Umfangs der vorliegenden Arbeit werden keine detaillierten Konzeptionen entwickelt.

4.1 Ausgangspunkt der Handlungsempfehlungen

In Kapitel 3 wurde das S-O-R-Modell, bezogen auf das dieser Arbeit zugrunde liegende Forschungsprojekt beschrieben. Anhand dieses Modells wurde deutlich gemacht, dass die durchgeführte Studie sich vorwiegend darauf bezieht, zu eruieren, ob Live-Musikveranstaltungen einen positiven Einfluss auf den Tonträgerkonsum sowie auf das Hörverhalten der Konsumenten haben.

Im Rahmen des Forschungsprojektes wurde ermittelt, dass oftmals ein positiver Einfluss, sowohl auf den Tonträgerkonsum als auch auf das Hörverhalten der Konsumenten, besteht.

Anhand der quantitativen Befragung stellte sich heraus, dass nahezu jeder sechste Tonträger aufgrund eines Konzertes erworben wird. Weiterhin ergab die Auswertung, dass etwa jeder vierte Konzertbesuch einen Tonträgerkauf zur Folge hat. Mehr als 60% der Befragten gaben an, dass sie, veranlasst durch ein Konzert, die Musik der jeweiligen Band bzw. des jeweiligen Musikers häufiger hören, wodurch sich ein positiver Einfluss auf das Hörverhalten der Konzertbesucher begründen lässt.

Die im Rahmen der qualitativen Untersuchung befragten Fachleute waren ebenfalls der Meinung, dass ein positiver Einfluss eines erlebten Konzertes auf das Hörverhalten und den Tonträgerkonsum besteht. Die Auswertung der qualitativen Befragung bestätigte somit die Ergebnisse, die sich durch die Konsumentenbefragung ermitteln ließen.

Das zentrale Ergebnis der durchgeführten Studie ist, dass der Stimulus eines Live-Konzertes bzw. die dadurch im Organismus ausgelösten Emotionen, in vielen Fällen einen Tonträgerkauf oder eine Intensivierung des Hörverhaltens zur Folge hat (Response). Das in Kapitel 3 dargestellte S-O-R-Modell ist somit in sich geschlossen und bietet die Basis für die im Folgenden dargestellten Handlungsempfehlungen.

4.2 Formulierung der Handlungsempfehlungen

Um die Ziele eines Unternehmens zu erreichen, erfordert es strategischer und operativer Maßnahmen. Strategische Maßnahmen werden als Grundsatzregelungen mittel- und längerfristiger Art verstanden, die als zentrales Bindeglied zwischen den Zielen des Unternehmens und den operativen Maßnahmen fungieren.[161] Strategien dienen dazu, den langfristigen Erfolg des Unternehmens sicherzustellen.

Die operativen Maßnahmen beinhalten konkrete Instrumente kurzfristiger Art, die umgesetzt werden, um die strategischen Ziele des Unternehmens zu erreichen.

Es werden zunächst Handlungsempfehlungen für strategische und im Anschluss für operative Maßnahmen erörtert.[162]

4.2.1 Handlungsempfehlungen für strategische Maßnahmen

Der positive Einfluss von Live-Musikveranstaltungen auf den Tonträgerkonsum stellt eine Chance für die Tonträgerindustrie dar. Es lässt sich aus den Ergebnissen der durchgeführten Studie die strategische Handlungsempfehlung ableiten, dass die Akteure der Tonträgerbranche die Synergieeffekte, welche zwischen der Tonträger- und der Live-Musikbranche bestehen, nutzen sollten.

Durch ein effizientes Ausschöpfen des bestehenden Synergiepotentials ließen sich die Unternehmensziele der Tonträgerfirmen, respektive die Gewinn- und Absatzmaximierung, positiv beeinflussen.

---

[161] Vgl. Becker, J.: „Marketingkonzeptionen", 7. Aufl., Augsburg 2001, S. 143.

[162] Im weiteren Textverlauf werden die Handlungsempfehlungen für strategische und operative Maßnahmen als strategische bzw. operative Handlungsempfehlungen bezeichnet.

Wie die qualitative Befragung ergab, liegt bislang offensichtlich ein Defizit in der Nutzung der Synergien vor. Einer der befragten Fachleute äußerte: *„Dem Tonträgermarkt ist einfach noch nicht bewusst, wie viel mehr Verkaufszahlen sich durch eine konsequente Nutzung der Synergien mit dem Live-Markt erreichen ließen."*[163] Obwohl also eine positive Wechselbeziehung zwischen diesen beiden Märkten besteht, existiert eine Zusammenarbeit nur partiell. Die befragten Experten beurteilten eine Intensivierung des Zusammenwirkens beider Marktpartner mehrheitlich als sinnvoll.

Um die Synergieeffekte zwischen der Tonträger- und der Live-Musikbranche zu nutzen, erfordert es auf strategischer Ebene konkreter Maßnahmen, welche im Folgenden aufgeführt werden.

- Einseitige Koordination: Die Tonträgerfirmen orientieren sich bei der Planung gezielter Aktionen an bestehenden Konzertterminen.

- Beidseitige Absprachen: Zusammenarbeit zwischen den Akteuren der Tonträgerbranche und den Konzertveranstaltern hinsichtlich bestimmter Teilbereiche, bis hin zu gemeinsamen Zielvereinbarungen oder Kooperationen.

Je nachdem, welche operative Maßnahme umgesetzt werden soll, erfordert es entweder einer einseitigen Koordination oder Absprachen zwischen den Akteuren der Tonträger- und der Live-Musikbranche.

4.2.2 Handlungsempfehlungen für operative Maßnahmen

Um die strategischen Handlungsempfehlungen zu realisieren, erfordert es gezielter operativer Maßnahmen.

Wie aus der Expertenbefragung hervorging, beschränken sich bisherige Maßnahmen, um die Synergieeffekte zwischen den beiden Märkten zu nutzen, auf folgende Aspekte:

---

[163] Vgl. Anhang: Experteninterview 1.

- Verkauf von Tonträgern auf dem Konzert
- Verkauf von Tonträgern im örtlichen Handel aufgrund von Informationen
  der Konzertveranstalter über das Stattfinden von Konzerten
- Vereinzelte Aktivitäten der Händler

Es ist eine Vielzahl weiterer operativer Maßnahmen denkbar. Basierend auf den Ergebnissen der quantitativen und qualitativen Befragung, sowie persönlichen Beurteilungen lassen sich weitere Maßnahmen erörtern.

In der Abbildung 22 sind zunächst die oben formulierten strategischen Handlungsempfehlungen aufgeführt, deren Realisierung zur Unterstützung der Unternehmensziele Gewinn- und Absatzerhöhung beitragen soll. Weiterhin werden die operativen Maßnahmen aufgelistet, welche im Anschluss an die Graphik näher erläutert werden.

Abbildung 22: Strategische und operative Handlungsempfehlungen[164]

---

[164] Quelle: Eigene Abbildung.

Einige der aufgeführten operativen Handlungsempfehlungen wurden im Rahmen der empirischen Befragungen näher untersucht, andere beruhen auf Vorschlägen der befragten Fachleute. Zudem erhielt ich durch die Befragungen Ideen für weitere mögliche Maßnahmen. Aus diesem Grund werden die einzelnen Maßnahmen in unterschiedlicher Ausführlichkeit nachstehend erläutert.

Kaufanreize schaffen durch Preissenkung bei dem Konzertverkauf

Eine mögliche Maßnahme ist die Verbesserung des Preis-Leistungsverhältnisses für den Abnehmer bei dem Verkauf auf Konzerten.

Ein Label hat bei dem Vertrieb von Tonträgern auf einem Konzert einen weitaus größeren Preisspielraum als bei dem Vertrieb im Handel. Bei Konzertverkäufen entfällt der Händleraufschlag, der sich zumeist auf 25-50% des Verkaufspreises beläuft.[165] Die Konsumentenbefragung ergab, dass 65,5% der Probanden die Preise auf Konzerten als zu hoch empfinden und ebenso viele der Befragten bei einer geringen Preisreduktion mehr Tonträger auf einem Konzert erwerben würden. Mittels der quantitativen Befragung konnte weiterhin festgestellt werden, dass die Konsumenten weitaus weniger für die Medien CD und Musik-DVD auf einem Konzert zu zahlen bereit sind, als dies bei dem Verkauf im Handel der Fall ist.

Es lässt sich aufgrund dieser Ergebnisse überlegen, ob der Preisspielraum bei einem Konzertverkauf Möglichkeiten bietet, die Tonträgerpreise zu senken und somit die Absätze zu erhöhen. Hierzu ließe sich mittels einer Preis-Absatz-Funktion der gewinnmaximale Wert bestimmen.

Kaufanreize schaffen mittels einer Preissenkung durch die Entwicklung eines Rabattsystems

a) Erhalt eines Coupons bei dem Kauf der Konzertkarte, mit dem der Rabatt bei dem Kauf eines Tonträgers auf dem Konzert oder im Handel gewährt wird

Die Einführung von Tonträgerrabatten beruht ebenfalls auf der Überlegung, monetäre Anreize für den Konsumenten zu schaffen. Die Idee hierbei ist es, ein Rabattsystem zu entwickeln, welches in der Weise funktioniert, dass der Konsument beim Kauf einer Konzertkarte einen Coupon erhält, mit dem ihm ein bestimmter Preisnachlass auf einen Tonträger

---

[165] Vgl. Lyng, R.: „Die Praxis im Musikbusiness", 9. Aufl., Bergkirchen 2003, S. 366.

der jeweiligen Band bzw. des jeweiligen Musikers gewährt wird. Es bestünde hierbei die Möglichkeit, dass der Coupon entweder direkt auf dem Konzert oder für eine bestimmte Zeit vor oder nach dem Konzert im Handel einzulösen ist. Durch die quantitative Umfrage ließ sich ermitteln, dass die Probanden nahezu gleich oft die Präferenz aufweisen, den Tonträger unabhängig von Preis und Verfügbarkeit vor dem Konzert als auch nach der Veranstaltung im Handel zu erwerben. Es lässt sich hieraus schlussfolgern, dass es gleichermaßen effektiv wäre, den Rabatt für eine gewisse Zeit vor als auch nach dem entsprechenden Konzert im Handel zu gewähren.

Mehr als ein Viertel der befragten Personen wählte die Präferenz, den Tonträger direkt auf der Live-Musikveranstaltung zu erwerben. Zudem ergab die Umfrage, dass, wie bereits oben erwähnt, eine geringe Preisreduktion bei dem Tonträgerverkauf auf dem Konzert hohe Absatzzuwächse zur Folge hätte.

Zu der Entwicklung eines Rabattsystems habe ich explizit die Fachleute im Rahmen der qualitativen Interviews befragt. Es stellte sich heraus, dass vier der fünf Befragten diese Maßnahme als eine gute Idee erachteten.

b) Erhalt eines Gutscheins bei dem Kauf der Konzertkarte, mit dem ein Rabatt bei dem Kauf eines Tonträgers im Online-Handel gewährt wird

Zwei der Befragten äußerten die Idee, ein solches Rabattsystem über den Online-Handel Amazon umzusetzen. Dies könnte dadurch realisiert werden, dass Besucher der Live-Musikveranstaltung mit dem Erwerb der Konzertkarte einen Kode erhält, der durch die Eingabe auf der Internet-Seite des Online-Handels den Rabatt auf einen Tonträger gewährt. Neben dem Anbieter Amazon wäre hier auch eine Kooperation mit anderen Online-Händlern denkbar.

Für die Bestimmung der Höhe des Rabattes ließen sich unter anderem Preisakzeptanzen für die jeweiligen Tonträger hinzuziehen. Im Rahmen der quantitativen Befragung wurden Preisakzeptanzen für die Medien CD und Musik-DVD zum einen bei dem Verkauf auf dem Konzert, zum anderen bei dem Verkauf im Handel ermittelt (vgl. Kapitel 3.4.3).

Intensivierung des Absatzkanals Merchandise (Verkauf auf dem Konzert) insbesondere für Major-Labels

Wie die Konsumentenbefragung ergab, weist mehr als jeder vierte der Probanden die Präferenz auf, einen Tonträger auf der Veranstaltung zu erwerben. Analog hierzu lässt sich erwähnen, dass die Major Labels lediglich 0,5% ihrer Umsätze auf Konzerten generieren, bei den Independent Labels beläuft sich dieser Anteil auf 5%. Diese Umsatzanteile erscheinen gering und es stellt sich dementsprechend die Frage, ob hier ein größeres Potential besteht, welches es auszuschöpfen gilt. Es ist intuitiv anzunehmen, dass die Intensivierung des Absatzkanals Merchandise einen höheren Absatz von Tonträgern zur Folge hätte. Aufgrund der Tatsache, dass der Umsatzanteil der Independent-Labels bezüglich des Verkaufs auf Konzerten das Zehnfache beträgt, als bei den Major-Labels, lässt sich ebenfalls vermuten, dass die Independent Label weitaus intensiver den Absatzkanal Merchandise nutzen. Aus diesem Grund sollten vor allem die Major-Labels eine Intensivierung des Tonträgerverkaufs auf Konzerten anstreben.

Zu den bereits ausgeführten operativen Maßnahmen lässt sich beurteilen, dass es sehr sinnvoll ist, die entsprechenden Tonträger direkt auf der Veranstaltung anzubieten und dem Konsumenten darüber hinaus Kaufanreize durch Preissenkungen zu bieten. Der Besucher ist nach dem Erleben eines Konzertes emotional ansprechbar und neigt demzufolge eher zu spontanen und impulsiven Kaufentscheidungen. Einen solchen Prozess bezeichnet man als „affektives Involvement". Der Konsument ist hierbei bereit, hohe emotionale Energie zu investieren, und weist zumeist besondere Gefühle in Bezug auf ein bestimmtes Produktangebot auf.[166] Ein solches affektives Involvement lässt sich durch die Einzigartigkeit und den emotionalen Aspekt eines Konzertes erzeugen. Somit bietet eine Live-Musikveranstaltung eine Komponente, die mit herkömmlichen Marketingmitteln nicht erreicht werden kann. Diesen Effekt könnte sich die Tonträgerindustrie zu Nutzen machen, um den Absatz von Tonträgern zu intensivieren.

Verbraucher-Promotion auf dem Konzert

- a) Produktinformationen über Handzettel
- b) Produktinformationen über Leinwände
- c) Produktinformationen über Musikeinspielungen
- d) Produktinformationen über Give-aways

Die befragten Fachleute gaben als konkrete Maßnahmenvorschläge an, Verbraucher-Promotion auf dem Konzert durch das Verteilen von Handzetteln und durch Produktinformationen über Leinwände, Musikeinspielungen oder Give-aways zu realisieren. Diese zu-

---

[166] Vgl. Homburg, C./Krohmer, H.: a.a.O., S. 32.

sätzlichen Kaufanreize am Ort des Verkaufs (Point of Sale) könnten eine verstärkte Nachfrage bei dem Konsumenten erzeugen und somit den Verkauf von Tonträgern unterstützen. Es wäre denkbar, eine solche Art der Verkaufsförderung von dem Tonträgerhändler oder von der Tonträgerfirma durchzuführen.

Händler-Promotion
- Die entsprechenden Tonträger zu einem in der Region stattfindenden Konzert werden beispielsweise durch Laden- oder Schaufenstergestaltung beworben

Wie aus der Expertenbefragung hervorging, werden die örtlichen Händler aufgrund von Informationen der Konzertveranstalter auf direktem oder indirektem Weg über das Stattfinden von Konzerten informiert. Diese Information wiederum soll den Handel dazu veranlassen, die Tonträger der jeweiligen Band bzw. des jeweiligen Künstlers zu der Tournee zu vertreiben. Eine mögliche Maßnahme zur Intensivierung der Tonträgerverkäufe im Handel wäre es, gezielte Händler-Promotion durchzuführen. Dies könnte beispielsweise in der Form geschehen, dass die Tonträger eines in der Region stattfindenden Konzertes durch Laden- oder Schaufenstergestaltung beworben werden. Basierend auf der Tatsache, dass die Konsumenten nahezu gleich oft die Präferenz aufwiesen, den Tonträger vor oder nach dem Konzert im Handel zu erwerben, wäre es dementsprechend sinnvoll, Promotionsaktionen des Händlers sowohl vor, als auch nach dem stattfindenden Konzert durchzuführen. Eine solche Händlerpromotion könnte durch Werbekostenzuschüsse seitens der Tonträgerfirmen unterstützt werden.

Angebot von Sondereditionen eines Tonträgers zur Tournee

Eine weitere Überlegung wäre es, zu der Tournee einer Band bzw. eines Musikers, Sondereditionen eines Tonträgers anzubieten. Diese könnten beispielsweise Zugaben wie Poster oder Aufkleber der jeweiligen Tournee beinhalten.

Gemeinsame Gestaltung von Webseiten der Konzertveranstalter und Tonträgerbranche zur Vermarktung von Produkten

Einer der befragten Fachleute schlug vor, dass eine Zusammenarbeit in einer gemeinsamen Gestaltung von Internet-Seiten bestehen könnte. Dies könnte auf diese Weise funktionieren, dass die Tonträgerfirma zu einer stattfindenden Tournee oder einem Konzert die entsprechenden Tonträger bzw. Produkte ähnlicher Künstler auf der Internet-Seite der Konzertveranstalter bewirbt.

Einige der oben genannten Maßnahmen beziehen sich unter anderem darauf, den Konsumenten bereits vor dem Konzert gezielt anzusprechen. Die Möglichkeit von Händler-Promotionen oder das Gewähren eines Rabattes für den Konsumenten wäre beispielsweise schon vor dem Stattfinden der Live-Musikveranstaltung denkbar.

In diesem Fall lässt sich das dargestellte S-O-R-Modell nicht als Basis für die operativen Maßnahmen zugrunde legen, da hier der Stimulus des Musikerlebnisses noch nicht erfolgt ist. Da jedoch die Konsumentenbefragung ergab, dass nahezu gleich viele der Befragten die Präferenz aufweisen, den Tonträger aufgrund einer Live-Musikveranstaltung vor dem Konzert, als auch nach dem Konzert im Handel zu erwerben, erachte ich es durchaus für sinnvoll, ebenfalls Maßnahmen umzusetzen, die auf eine Ansprache des Konsumenten schon vor dem Konzert abzielen.

Wie die oben aufgeführten Handlungsempfehlungen zeigen, gibt es eine Vielzahl möglicher operativer Maßnahmen um die Nutzung der Synergieeffekte zwischen Tonträger- und Live-Musikmarkt zu realisieren. Diese Maßnahmen beziehen sich sowohl auf die Ansprache der Konsumenten auf dem Konzert als auch auf gezielte Aktionen vor bzw. nach der Live-Musikveranstaltung.

Es sollen durch diese Maßnahmen speziell Kaufanreize für jene Konsumenten geschaffen werden, deren Hörverhalten durch ein Konzert positiv beeinflusst wird, hier aber ohne das Ergreifen gezielter Maßnahmen kein Einfluss auf den Tonträgerkonsum besteht. Hierbei könnte es sich beispielsweise um Konsumenten handeln, die sich die jeweilige Musik aufgrund eines Konzertes kopieren oder aus dem Internet herunter laden (vgl. Kapitel 3.3.2).

5. Fazit

Zielsetzung dieser Arbeit war es, zu untersuchen, ob Live-Musikveranstaltungen einen positiven Einfluss auf den Tonträgerkonsum haben und somit einen Ansatzpunkt für Maßnahmen darstellen könnten, um die Tonträgerverkäufe zu steigern. Um hierüber Aufschluss zu erlangen, habe ich ein empirisches Forschungsprojekt durchgeführt. Hierzu wurden zum einen Besucher von Live-Musikveranstaltungen befragt, zum anderen wurden Fachleute der Musikbranche interviewt.

Wie die durchgeführte Studie ergab, besteht oftmals ein positiver Einfluss von Live-Musikveranstaltungen auf den Tonträgerkonsum sowie auf das Hörverhalten der Konsumenten. Ein zentrales Ergebnis der Studie ist beispielsweise, dass nahezu jeder sechste Tonträger beeinflusst durch ein Konzert erworben wird.

An dieser Stelle möchte ich jedoch auf die Limitationen und Probleme der durchgeführten Befragungen hinweisen. Es ist zu berücksichtigen, dass die Ergebnisse bezüglich des Einflusses von Live-Musikveranstaltungen auf Einschätzungen der Befragten beruhen. Es handelt sich hier um einen Tatbestand, der schwer erfassbar und objektiv nicht messbar ist. Demzufolge liegt die Vermutung nahe, dass Abweichungen zwischen den Angaben der Befragten und dem tatsächlichen Ausmaß eines Einflusses bestehen.

Weiterhin wies die Altersstruktur der untersuchten Stichprobe im Rahmen der quantitativen Befragung eine starke Dominanz der Personen im Alter von 20 bis 29 Jahren auf. Dies führt zu der Konsequenz, dass sich die Ergebnisse der Studie vorwiegend auf diese Altersgruppe beschränken.

Die Ergebnisse, die im Rahmen des Forschungsprojektes ermittelt werden konnten, stellen die Grundlage der formulierten Handlungsempfehlungen dar. Es wurden konkrete Maßnahmen für die Tonträgerbranche erörtert, die dazu beitragen sollen, die Synergieeffekte, die zwischen dem Tonträger- und dem Live-Musikmarkt bestehen, auszuschöpfen.

Es sollte jedoch auch berücksichtigt werden, dass ein Ausschöpfen des Synergiepotentials nur dann als sinnvoll zu erachten ist, wenn beide Marktpartner davon profitieren. Hierzu lässt sich beurteilen, dass auch Konzertveranstalter ein Interesse daran haben sollten, dass sich die Absätze von Tonträgern erhöhen. Letztendlich ist anzunehmen, dass auch ein Einfluss des Tonträgerkonsums auf den Besuch von Live-Musikveranstaltungen besteht und somit auch die Konzertveranstalter von einem Nutzen der Synergien profitieren könnten.

Eine Schwierigkeit bezüglich der Zusammenarbeit ist darin zu sehen, dass die beiden Branchen von unterschiedlichen Unternehmenskulturen geprägt sind. In diesem Punkt sehen auch die befragten Experten mehrheitlich ein Hindernis, welches es durch ein „Aufeinanderzugehen" zu überwinden gilt.

Trotz dieser Schwierigkeit beurteile ich das Ausschöpfen des Synergiepotentials zwischen den beiden Branchen durch gezielte operative Maßnahmen als sehr sinnvoll. Wie in dieser Arbeit aufgeführt, wurden in den letzten Jahren bereits zahlreiche Maßnahmen umgesetzt, um der rückläufigen Entwicklung des Tonträgermarktes entgegenzuwirken. Darüber hinausgehende Gegensteuerungsmaßnahmen, die explizit das Zusammenwirken des Tonträger- und des Live-Musikmarktes berücksichtigen, stellen einen weiteren Ansatzpunkt für die Steigerung der Tonträgerverkäufe dar. Diese Arbeit soll dazu motivieren, diese Maßnahmen in der Zukunft auszugestalten und durch entsprechende Instrumente umzusetzen.

Literaturverzeichnis

Bücher:

Becker, J.: „Marketingkonzeptionen", 7. Aufl., Augsburg 2001

Berekoven, L./Eckert, W./Ellenrieder, P.: „Marktforschung", 10. Aufl., Wiesbaden 2004

Böhler, H.: „Marktforschung", 3. Aufl., Stuttgart 2004

Churchill, G.: „Basic Marketing Research", 1. Aufl., Chicago 1988

Christof, K./Pepels, W.: „Praktische quantitative Marktforschung", 1.Aufl., München 1999

Fritz, W.: „Internet-Marketing: Perspektiven und Erfahrungen aus Deutschland und den USA", 1.Aufl., Stuttgart 1999

Froschauer, U./Lueger, M.: „Das qualitative Interview", 1.Aufl., Wien 2003

Herrmann, A./Homburg, C.: „Marktforschung", 2. Aufl., Wiesbaden 2000

Hofmann, G./Trübsbach, C.: „Mensch und Musik", 1.Aufl., Augsburg 2002

Homburg, C./Krohmer, H.: „Marketingmanagement", 1. Aufl., Wiesbaden 2003

Juslin, P./Sloboda, J.: „Music and Emotions", 1. Aufl., Oxford 2001

Kepper, G.: „Qualitative Marktforschung", 1. Aufl., Wiesbaden 1994

Kroeber-Riel, W./Weinberg, P.: „Konsumentenverhalten", 8. Aufl., München 2002

Kulle, J.: „Ökonomie der Musikindustrie", 1. Aufl., Frankfurt am Main 1998

Lamnek, S.: „Qualitative Sozialforschung", 1. Aufl., Weinheim 1988

Lathrop, T.: „This business of music marketing & promotion", 1. Aufl., New York 2003

Lyng, R.: „Die Praxis im Musikbusiness", 9. Aufl., Bergkirchen 2003

Mayring, P.: „Einführung in die qualitative Sozialforschung", 5. Aufl., Weinheim 2002

Mayring, P.: „Qualitative Inhaltsanalyse", 8. Aufl., Weinheim 2003

Moser, R./Scheuermann, A.: „Handbuch der Musikwirtschaft", 6. Aufl., München 2003

Renner, T.: „Kinder, der Tod ist gar nicht so schlimm! Über die Zukunft der Musik- und Medienindustrie", 1. Aufl., Frankfurt/Main 2004

Riedel, J./Schreiter, D.: „Novum Records – Von der Kunst, ein eigenes Label zu gründen", 1. Aufl., Wilhelmshaven 2004

Theobald, A./Dreyer, M./Starsetzki, T.: „Online-Marktforschung", 2. Aufl., Wiesbaden 2003

Weis, H.: „Marketing", 12. Aufl., Ludwigshafen 2001

Wicke, P./Ziegenrücker, P./Ziegenrücker, K.: „Handbuch der populären Musik", 3. Aufl., Wiesbaden 1997

Aufsätze und Beiträge:

Bandilla, W./Hauptmanns, P.: „Internetbasierte Umfragen: Eine geeignete Datenerhebungstechnik für die empirische Forschung?" in „Internet-Marketing: Perspektiven und Erfahrungen aus Deutschland und den USA", Fritz, W., 1. Aufl., Stuttgart 1999, S. 197-217

Batinic, B..: „Datenqualität bei internetbasierten Befragungen" in „Online-Marktforschung", Theobald, A./Dreyer, M./Starsetzki, T., 2. Aufl., Wiesbaden 2003, S. 143-160

Gabrielsson, A.: „Emotions in strong experiences with music" in „Music and Emotions", Juslin, P./Sloboda, J., 1. Aufl., Oxford 2001, S. 433-450

Gembris, H.: „Wirkung von Musik – Musikpsychologische Forschungsergebnisse" in „Mensch und Musik", Hofmann, G./Trübsbach , C., 1. Aufl., Augsburg 2002, S. 8-23

Mahlmann, C.: „Struktur des deutschen Tonträgermarktes" in „Handbuch der Musikwirtschaft", Moser, R./Scheuermann, A., 6. Aufl., München 2003, S. 180-193

Michow, J.: „Eine Branche lernt Selbstbewusstsein" in „Der Musikmarkt", Nr. 21, Hamburg 2005, S. 14

Oehmichen, E./Schröter, C.: „Die Online-Nutzertypologie" - ARD/ZDF-Online-Studie 2004 in: „Fachzeitschrift Media Perspektiven", Nr. 8, Frankfurt a.M. 2004, S. 362-371

Scherer, R./Zentner, M.: „Emotional effects of music: production rules" in „Music and Emotions", Juslin, P./Sloboda, J., 1. Aufl., Oxford 2001, S. 371-402

Schmidt, C.: „Organisation des deutschen Tonträgermarktes" in „Handbuch der Musikwirtschaft", Moser, R./Scheuermann, A., 6. Aufl. München 2003, S. 207-222

Starsetzki, T.: „Rekrutierungsformen und ihre Einsatzbereiche" in „Online-Marktforschung", Theobald, A./Dreyer, M./Starsetzki, T., 2. Aufl., Wiesbaden 2003, S. 241-254

Stein; T.: „Music made in Germany" in „Handbuch der Musikwirtschaft", Moser; R./Scheuermann, A., 6.Aufl., München 2003, S. 20-39

Vormehr, U.: „Independents" in „Handbuch der Musikwirtschaft", Moser, R./ Scheuermann, A., 6. Aufl., München 2003, S. 223-249

Wesendorf, A.: „Vertriebsstrukturen und Situation des Handels" in „Handbuch der Musikwirtschaft", Moser, R./Scheuermann, A., 6.Aufl., München, S. 327-341

Zombik, P.: „Tonträger im Markt der Zukunft" in „Media Perspektiven", Nr. 10, Frankfurt a.M. 1995, S. 496-511

Studien:

Bundesverband der Veranstaltungswirtschaft (idkv) in Zusammenarbeit mit „**Der Musikmarkt**": „GfK-Studie zum Konsumverhalten der Konzertbesucher in Deutschland 2004", München 2004

ARD/ZDF-Online-Studie 2004 in „Media Perspektiven" in Zusammenarbeit mit der **SWR Medienforschung**, Frankfurt a. M. 2004

Fachzeitschriften:

„**Der Musikmarkt**", Nr. 21 vom 23. Mai 2005

„**Media Perspektiven**", Nr. 10, Frankfurt a. M. 1995

„**Media Perspektiven**", Nr. 8 vom August 2005

Gesetzbücher:

UrhG, § 95a I, 2003

Internetquellen:

Die deutschen Phonoverbände	http://www.ifpi.de
Indigo Musikvertrieb	http://www.indigo.de
n-tv Nachrichtensender	http://www.n-tv.de
Gesellschaft zur Verwertung von	http://www.gvl.de/
Leistungsschutzrechten (GVL)	
Wissen.de GmbH – Gesellschaft	http://www.wissen.de
für Online-Information	

Sonstiges:

Bundesverband der phonographischen Wirtschaft: „Jahrbuch 2005", München 2005

Experteninterview 1

Wie stark ist ihrer Meinung nach der Einfluss von Live-Musik auf das Hörverhalten und die Tonträgerkäufe der Konsumenten?

E 1: Der ursprüngliche Anreiz, auf ein Konzert zu gehen, kommt von der Konserve. Der darüber hinausgehende Anreiz, diese oder ähnliche Musik zu hören, kommt durchs Live-Konzert. Das heißt, ich brauche beispielsweise den Tonträger oder die im Radio gespielte Musik, damit auf einen Künstler oder auf eine Band aufmerksam gemacht werden kann, der oder die ein Konzert gibt. Wenn das Konzert letztendlich gut war, wird der Konsument motiviert sein, sich damit näher zu beschäftigen. Oder wenn ich das erste Mal zu einem Konzert einer bestimmten Musikrichtung gehe, weil ich z.B. von Freunden mitgenommen wurde und es mir gefällt, gibt dies oft einen Impuls dafür, auch die entsprechenden Tonträger zu kaufen. Sobald die Initialzündung eines Konzertes da ist, dann glaube ich, dass das Konzert ein Werbemedium für die Tonträger des Künstlers oder weiterer Tonträger ist.

Was denken sie, ist der Grund dafür, dass die Live-Musikbranche in den letzten Jahren Umsatzzuwächse zu verzeichnen hatte?

E 1: Es sind in den letzten Jahren mehr Konzertkarten verkauft und mehr Konzerte veranstaltet worden, als je zuvor. Ich glaube in der Tat, dass die Stückzahlen insgesamt gewachsen sind. Die steigenden Preise haben jedoch auch ganz eindeutig eine Auswirkung. Gerade im Super-Star-Segment, wie beispielsweise bei Robbie Williams oder den Rolling Stones sind die Preise enorm gestiegen.

Gibt es ein Zusammenwirken des Live-Musikmarktes und des Tonträgermarktes um die Absätze von Tonträgern zu steigern, und wenn ja, inwiefern?

E 1: Wenn ich ehrlich bin, gibt es das viel zu wenig. Ich glaube, dass sich die Plattenindustrie, auf Grund der Tatsache, dass so lange Jahre die Tonträger so dominant und lukrativ waren, keine Gedanken machen musste. Dem Tonträgermarkt ist einfach noch nicht bewusst, wie viel mehr Verkaufszahlen sich durch eine konsequente Nutzung der Synergien mit dem Live-Markt erreichen ließen. Ich verstehe nicht, warum die Tonträgerbranche nicht auf die Idee kommt, mit den Konzertveranstaltern zu reden und beispielsweise zu fragen, ob sie auf einem Konzert Handzettel verteilen und Werbung für Produkte ähnlicher Künstler machen können. Wenn ein Klassik-Rock-Konzert stattfindet, dann weiß ich, dass dort ein bestimmtes Publikum hingeht, das zumeist zwischen Mitte 30 und 50 ist, zu Hause einen Plattenschrank hat, mit einer Menge Bands der 70er und 80er Jahre. Diese Leute gehen meist nicht nur zu einem Konzert, sondern gehen auf Konzerte mehrerer Bands. Und sie kaufen auch nicht nur die Tonträger einer Band, sondern auch Tonträger weiterer, ähnlicher Bands. Es wird einfach immer noch nicht die Synergie erkannt, dass Käufer einer Eintrittskarte auf das Konzert gehen, weil sie sich höchstwahrscheinlich einen Tonträger dieser Band zuvor gekauft haben. Wer sich nun einmal einen Tonträger kauft, der wird dies auch wieder tun. Also sind Konzertgänger ideale Plattenkonsumenten, werden aber viel zu selten von den Tonträgerfirmen angesprochen.

Orientiert man sich bei dem Vertrieb von Tonträgern am Stattfinden von Konzerten? Wenn ja, inwiefern?

E 1: Das wird in der Regel getan, wobei das oftmals nicht im richtigen Ausmaß geschieht. Man kann davon ausgehen, dass wenn eine Tournee stattfindet, in der Regel der Tourneeveranstalter auch die Konzertdaten an die Plattenfirma durchgibt. Die Plattenfirma gibt diese Daten wiederum normalerweise an den Vertrieb weiter, der dafür sorgt, dass Produkte auf dem Markt sind. Das heißt, dass in den Städten, wo die Konzerte stattfinden, auch die entsprechenden Tonträger in den Läden verfügbar sind. Das passiert, aber das ist ja auch das Mindeste. Hiermit bewerbe ich jedoch letztendlich nur die Produkte des einen Künstlers. Aber wer den einen Künstler mag, mag ja in der Regel auch noch mehr und vor allem ähnliche Künstler. Man nutzt hier nicht den Direktkontakt, um Produkte von ähnlichen Künstlern an den Mann zu bringen. Es passiert auch nicht, dass die Tonträgerfirmen bei den Konzertveranstaltern anrufen und fragen, ob zu einer bestimmten Tournee ein Link auf der Website des Konzertveranstalters gemacht werden kann, um auf diese Weise ähnliche Produkte zu verkaufen. Das könnte man auch mit den Künstlern absprechen. Das wird noch nicht einmal mehr diskutiert.

Was halten sie von der Idee, ein Rabattsystem zu entwickeln, was in dem Sinne funktioniert, als dass man bei dem Kauf einer Konzertkarte einen Coupon bekommt, mit dem man einen bestimmten Nachlass auf einen Tonträger erhält – entweder vor oder nach dem Konzert im Handel, oder direkt auf dem Konzert?

E 1: Ich denke, dies ist eine gute Idee, weil wir eben auch immer wieder feststellen, dass auf den Konzerten eine Menge Leute sind, die den aktuellen Tonträger eines Künstlers noch nicht besitzen. Bei Robbie Williams würde das nicht passieren, sag ich mal. Diese Fans rennen sofort nach der Veröffentlichung los und kaufen den Tonträger und gehen dann los und kaufen auch noch eine Eintrittskarte. Ich will nicht sagen, dass jeder, der eine Eintrittskarte hat, auch ein Album besitzt, aber ich glaube schon, dass dies für die Majorität zutrifft. Aber es gibt auch eine Menge Bands, die weitaus mehr Tickets als Tonträger verkaufen. Das sind solche Bands, die nicht „hip" sind und sich im mittelgroßen Bandsegment befinden. Bei solchen Bands wäre das eine exzellente Maßnahme. Hier gibt es eine Menge Fans, die zweifeln, ob sie sich diesen Tonträger kaufen und dafür 17 Euro ausgeben würden. Wenn man diesem Konsumenten jedoch mit der Konzertkarte einen 4- oder 5-Euro Rabatt auf einen Tonträger gibt, könnte ich mir sehr gut vorstellen, dass, wenn ihm das Konzert gut gefällt, er für meinetwegen 13 Euro diesen Tonträger schon erwerben würde. Ich denke, bei solchen Bands macht das Sinn, und hier gibt es bestimmt auch eine Vielzahl von Künstlern, die gerne dazu bereit wären.

Was denken Sie über ein intensiveres Zusammenwirken des Tonträger- und des Live-Musikmarktes mit der Intention, die Tonträgerverkäufe zu steigern, und wie könnte dieses gegebenenfalls umgesetzt werden?

E 1: Es gibt hier ganz viele verschiedene Möglichkeiten. Woher kommen sie?
Aus Bielefeld.

E 1: Okay, dann nehmen wir den Ringlokschuppen. Angenommen, es findet da ein Konzert mit 1000 Leuten statt. Es befinden sich dort 1000 potentielle Käufer, die alle auf irgendeine Art musikbegeistert sind. Sie hören Musik auf die unterschiedlichste Weise, ob es nun Downloads sind, CDs – was auch immer. Und die Tonträgerbranche kommt einfach nicht auf die Idee, den Konzertbesuchern Produktinformationen zu geben. Weder über Leinwände, noch über Musikeinspielungen, noch über Handzettel oder Give-aways usw. Die Produktindustrie tut dieses permanent. Es werden auf Konzerten Getränke verteilt, Zigaretten, und alles Mögliche. Die Tonträgerindustrie hingegen tut dies überhaupt nicht. Ich denke, dass, wie schon gesagt, auch die gemeinsame Nutzung von Webseiten eine Möglichkeit ist. Konzertveranstalter könnten in der Anzeige bestimmte Produkte mit abbilden.

Ein Schlusswort möchte ich noch sagen. Das große Problem ist, dass zwischen Tonträgerwirtschaft und Veranstaltungswirtschaft eine gewisse Sprachlosigkeit besteht. Beide sprechen verschiedene Sprachen und beide haben eine andere Zielsetzung. Die Plattenindustrie sieht in der Regel als erstes den Verkauf des Produktes. Das heißt, sie vermarkten nicht den Künstler, sie vermarkten das Produkt und haben da eine ganz bestimmte Zielsetzung und ein Selbstverständnis entwickelt. Die Veranstalter hingegen vermarkten den Künstler und somit die einmalige unwiederbringliche künstlerische Leistung in dem einen Moment. Sie haben eine künstlerbezogene Sprache und Mentalität. Das heißt, das Denken des einen zielt auf ein Produkt ab, was sich möglichst häufig vervielfältigen sollte. Das Denken des anderen zielt auf die Zusammenarbeit mit einem Menschen ab. Dementsprechend sind diese beiden Industrien ein bisschen wie Hund und Katze. Bis heute gibt es keine gemeinsame Sprache und es wird zu wenig zusammen gearbeitet, dabei brauchen die beiden Märkte einander. So wird auch die Veranstaltungsindustrie über kurz oder lang unter den Rückgängen der Tonträgerindustrie leiden. Wenn die Tonträgerbranche keine Künstler mehr aufbauen kann, wird sich das auch auf das Veranstaltungsgeschäft niederschlagen.

Experteninterview 2

Wie stark ist ihrer Meinung nach der Einfluss von Live-Musik auf das Hörverhalten und den Tonträgerkonsum?

E 2: Das Live-Spielen ist erst einmal essentiell wichtig um überhaupt als Band wahrgenommen zu werden. Ich bin fest davon überzeugt, dass wenn Leute eine Band live erlebt haben und sie davon begeistert sind, sich dementsprechend den Tonträger auch öfter anhören. Ich denke, dass hier ein sehr starker Einfluss auf das Hörverhalten besteht.

Was denken sie, ist der Grund dafür, dass die Live-Musikbranche in den letzten Jahren Umsatzzuwächse zu verzeichnen hatte?

E 2: Es haben alle Bands, egal ob nationale oder internationale, festgestellt, dass das Live-Spielen sehr, sehr wichtig ist und es dementsprechend auch mehr Konzerte in den letzten paar Jahren gab. Bands, die früher vielleicht mal ausnahmsweise in Deutschland waren, touren mittlerweile regelmäßig durch Deutschland und die Welt. Durchaus spielen aber auch die höheren Preise eine Rolle. Es ist also zum einen das größere Angebot an Live-Musikveranstaltungen, zum anderen sind es die gestiegenen Preise.

Gibt es bereits ein Zusammenwirken des Live-Musikmarktes und des Tonträgermarktes, mit der Intention, die Absätze von Tonträgern zu steigern? Wenn ja, in welcher Weise?

E 2: Ohne live zu spielen verkauft man wenig bis gar keine Tonträger. Live spielen gehört zu der Vermarktung von Tonträgern einfach dazu. Dadurch, dass hier so eine Wichtigkeit besteht, ist das gemeinsame Interesse, nicht nur das Konzert zu bewerben, sondern auch den Tonträger der entsprechenden Band, vorhanden. Die beiden Märkte versuchen schon, sich gegenseitig zu helfen.

Orientiert man sich bei dem Vertrieb von Tonträgern am Stattfinden von Konzerten, und wenn ja, in welcher Weise?

E 2: Man guckt schon, dass wenn ein Konzert stattfindet, es auf dem Merchandise auch die Tonträger gibt, was man eben auch als Plattenfirma mitsteuern kann. Und hier achtet man eben auch darauf, dass es hierfür auch vernünftige Preise gibt.

Was halten sie von der Idee, ein Rabattsystem zu entwickeln, was in dem Sinne funktioniert, als dass man bei dem Kauf einer Konzertkarte einen Coupon bekommt, mit dem man einen bestimmten Nachlass auf einen Tonträger erhält- entweder vor oder nach dem Konzert im Handel, oder direkt auf dem Konzert?

E 2: Die Idee finde ich gut. Hier muss man sich nur mit vielen Unwägbarkeiten rumschlagen und mit vielen Leuten darüber sprechen. Die Frage ist, wie so etwas abgerechnet wird, ob die Plattenfirmen das bezuschussen und dementsprechend das unternehmerische Risiko tragen, und ob die Händler das mitmachen. Die Idee ist gut und bestimmt auch umsetzbar. Das würde sich jedoch sicher nur mit bekannten Künstlern realisieren lassen. Bei Newcomern würde sicherlich der Handel sagen, dass sie das nicht mitmachen, weil es einfach viel zu aufwändig ist. Es wäre schließlich jedes Mal ein buchhalterischer Vorgang, die Frage, wie man das im Kassensystem umsetzt usw. Bei Amazon wäre so etwas bestimmt einfacher.

Denken sie, dass es sinnvoll wäre, das Zusammenwirken zwischen Tonträger- und Live-Musikmarkt zu intensivieren mit der Intention, die Tonträgerverkäufe zu steigern?

E 2: Auf jeden Fall wäre das sinnvoll.

Haben sie Ideen, wie das funktionieren könnte?

E 2: Das Problem, womit wir uns in Deutschland rumschlagen, heißt „Chartreglement", wo gewisse Dinge festgelegt sind, was man machen darf, und was nicht. Ideen gibt es ganz viele, nur müssen die auch in das existierende „Regelwerk" passen, ansonsten kann ein Zusammenwirken nicht umgesetzt werden. Und da hapert es. Wenn in diesem Chartreglement nun festgesetzt ist, dass man keinen oder nur einen bestimmten Rabatt auf ein Ticket geben kann, dann ist das eben so und dann kann man das auch nicht umsetzen.

Experteninterview 3

Wie beurteilen sie den Einfluss von Live-Musikveranstaltungen auf das Hörverhalten und die Tonträgerkäufe der Konsumenten?

E 3: Dies hängt einzig und allein von der Live-Qualität des Künstlers ab. Generell gilt: Live festigt Fandom!

Womit begründen sie die positive Umsatzentwicklung des Marktes für Live-Musikveranstaltungen?

E 3: Je breiter das Angebot wird, und das wird es in einer digitalen Welt selbstredend, desto größer wird auch das Interesse der komplex strukturierten Gruppen, aufeinander zu treffen.

Gibt es ein Zusammenwirken des Live-Musik- und des Tonträgermarktes um die Tonträgerverkäufe zu intensivieren?

E 3: Beide Märkte sind fast vollständig voneinander entkoppelt. Die einzige Ausnahme ist die DEAG, und die fangen gerade erst an.

Orientiert man sich bei dem Vertrieb von Tonträgern bereits an den Tourneen der Bands?

E 3: Natürlich ist es entscheidend, dass eine Band ihre Qualität auch durch Konzerte untermauert, und selbstredend versucht man diese auch als Absatzkanal zu nutzen. Allerdings wird man darüber max. 10% der Umsätze generieren können.

Was halten sie von einem Rabattsystem, welches in der Weise funktioniert, als dass man beim Kauf einer Konzertkarte einen Coupon bekommt, mit dem man einen Rabatt auf einen Tonträger der jeweiligen Band erhält- entweder auf dem Konzert direkt oder für eine bestimmte Zeit vor und nach dem Konzert im Handel?

E 3: Das wäre viel zu kompliziert, weil Plattenfirma, Veranstalter und lokaler Veranstalter drei unterschiedliche Firmen in divergenten Geschäftsfeldern sind.

Denken sie, dass es sinnvoll wäre, das Zusammenwirken des Live-Musikmarktes und des Tonträgermarktes zu verstärken um somit die Verkäufe von Tonträgern zu steigern?

E 3: Das ist schwierig, weil wir hier über Märkte reden, die zwar mit einem ähnlichen Gut, aber sehr unterschiedlichen Mentalitäten ans Werk gehen.

Experteninterview 4

Wie stark ist ihrer Meinung nach der Einfluss von Live-Musikveranstaltungen auf das Hörverhalten und den Tonträger-Konsum?

E 4: Der Einfluss von Live-Konzerten auf das Konsumverhalten der Konzertbesucher ist nachhaltig. Live-Konzerte sind hervorragende Gelegenheiten für Künstler zu zeigen, was sie sich bei der Komponierung ihrer Musik gedacht haben, welchen Lebensstil sie leben und was sie zu sagen haben. Wenn sozusagen der Schweiß von der Gitarre tropft und die Bühnenperformance des Künstlers sich der totalen Ekstase nähert, vermag auch der weniger interessierte Hörer nachzuvollziehen, welche Kraft in auf Silberscheiben gepresster Musik stecken kann. Durch diesen Einblick vermag der Konsument die Bindung zu seinem Künstler zu intensivieren, was mittel- und langfristig zu einem sehr stabilen Fan-Verhältnis führen kann - und damit auch zu einem Mehr an Tonträgerkäufen.

Worin sehen sie die Gründe der positiven Umsatzentwicklung des Marktes für Live-Musikveranstaltungen?

E 4: Das Produkt ist nicht kopierbar. Ein Konsument, der ein Live-Erlebnis haben will, muss unweigerlich dafür bezahlen. Diese Industrie ist gesund, weil es zum einen keine Nutznießer oder Schmarotzer gibt, zum anderen leisten die deutschen Veranstalter sehr gute Arbeit und sind darauf bedacht, dem Konsumenten Anreize zu geben, zu Konzerten zu gehen. Sie buchen Bands, die gefragt sind, die auch auf das Interesse des Publikums stoßen, und sie sind bereit, Experimente zu starten und neue Pfade zu betreten. Die deutschen Veranstalter haben in der Vergangenheit sehr viel dazu gelernt. Ich denke nicht, dass die Umsatzentwicklung alleine auf die Erhöhung der Ticketpreise zurückzuführen ist.

Gibt es bereits ein Zusammenwirken des Tonträger- und des Live-Musikmarktes um die Tonträgerverkäufe zu intensivieren? Wenn ja, inwiefern?

E 4: Meine Erfahrungen der letzten Jahre haben mir gezeigt, dass es Ansätze für ein Zusammenarbeiten von Konzertveranstaltern und Tonträgerfirmen gibt. Das ist umso intensiver, je kleiner der Künstler ist. Hier sind die Bestrebungen größer, dass überhaupt Tonträger und Konzertkarten verkauft werden und hier setzt man sich in der Regel lieber zusammen und arbeitet miteinander. Es ist nicht die Ausnahme, dass Plattenfirmen mit Konzertveranstaltern zusammenarbeiten, es ist aber auch nicht die Regel. Hier ist durchaus Nachholbedarf. Es gibt auch den Willen auf beiden Seiten, sich ein bisschen besser abzustimmen, aber von einem generellen Arbeiten Hand in Hand kann man noch nicht sprechen.

Orientiert man sich bei dem Vertrieb von Tonträgern bereits an dem Stattfinden von Konzerten, und wenn ja, in welcher Weise?

E 4: Was man sagen kann ist, dass die Plattenfirmen während des Konzertes nicht eingreifen. Wenn auf Konzerten Tonträger verkauft werden, so ist dies ein Angebot, welches direkt vom Management des Künstlers kommt. Was Aktivitäten außerhalb der Plattenfirmen angeht, dass z.B. die Händler gezielt ansprechen, ist weitestgehend die Ausnahme. Es kann vor Ort Händler geben, die die Situation erkennen und sich meinetwegen mit einem Bauchladen vor die Konzerthalle stellen oder Aftershowpartys veranstalten und dort CDs verkaufen. Das ist stark geprägt vom wirtschaftlichen Interesse des Händlers. Das sind Einzelaktionen, aber dass sich eine Plattenfirma Hand in Hand mit dem Künstler und mit dem Veranstalter zusammenschließt um den Verkauf von Tonträgern zu intensivieren, das ist mir noch nicht so häufig zu Ohren gekommen. Das Management des Künstlers wiederum hat in der Regel auch andere Interessen oder ihm ist das ganze nicht wichtig genug um es weiter zu verfolgen. Und *wenn* sich das Management dazu entschließt, gemeinsam die Tonträger zu verkaufen, so müssen sie sich auch erst einmal mit der Plattenfirma einigen, und dann ist vielleicht der Einzelhandel sauer und sagt, dass wenn alle CDs im Umfeld des Konzertes verkauft werden, niemand mehr in den Laden kommt um CDs zu kaufen. Es ist nicht so einfach, hier eine Lösung zu finden, die alle Seiten soweit glücklich macht. Der Veranstalter würde womöglich auch mitverdienen wollen, wenn die Plattenfirma die Tonträger auf den Konzerten verkauft, was wiederum den Plattenfirmen nicht gefallen würde. So ist es halt sehr schwer, die Interessen zusammenzubringen.

Was halten sie von einem Rabattsystem, welches in sofern funktionieren könnte, als dass man mit dem Kauf einer Konzertkarte einen Coupon bekommt, mit dem man eine bestimmte Zeit vor und nach dem Konzert oder auf dem Konzert an sich einen Preisnachlass für den Kauf eines Tonträgers erhält?

E 4: Ich halte das für eine ganz hervorragende Idee, zumal sowohl die Plattenfirmen als auch der Einzelhandel einiges davon haben. Das verleitet ja unter Umständen dazu, mal wieder in einen CD-Laden zu gehen. Dieses System ist ja auch bei anderen Kartensystemen relativ verbreitet. Ich erinnere mich da an Mc Donalds Gutscheine, die man beim Kauf von Fußballkarten erhält oder erst vor kurzem war ich beim Fußballspiel, wo es einen Coupon für eine Gratis-Flasche Bier in einem bestimmten Getränkemarkt gab. Es ist in jedem Fall eine gute Idee. Es wird nur wieder bei den Plattenfirmen die Frage bestehen, wer für diesen Rabatt aufkommt. Wird der Rabatt dem Händler abgezogen, welcher die CD günstiger verkauft und dadurch weniger Einnahmen hat, oder kommen die Plattenfirmen für diesen Rabatt auf? Aber ich denke, es kann auf alle Fälle funktionieren. Vielleicht könnte man das ja auch über Amazon mit Hilfe einer Gutscheinnummer abwickeln. Alles in allem finde ich die Rabattidee gut.

Denken sie, dass der Tonträger- und der Live-Musikmarkt enger zusammenarbeiten sollten, um den Absatz von Tonträgern anzukurbeln?

E 4: Diese Frage kann man mit einem ganz klaren „Ja" beantworten. Bei dem Zusammenarbeiten der beiden Märkte gibt es aber auch Schwierigkeiten aufgrund der unterschiedlichen Unternehmenskulturen. Der Veranstalter in Deutschland ist in der Regel ein mittelständisches Unternehmen mit einer Mitarbeiterzahl von 20-30 Mitarbeitern, wenn überhaupt. Eine Major-Plattenfirma funktioniert wesentlich stärker in Konzernstrukturen und ist international gesteuert. Um da nun eine Kommunikation hinzubekommen, ist natürlich ein bisschen Vorarbeit und ein gewisses Aufeinanderzugehen notwendig, und man muss sich zum Teil einfach noch ein wenig kennen lernen. Konzertveranstalter entwickeln sich mittlerweile zu ganz normalen mittelständischen Firmen, die auch nach normalen Gesichtspunkten funktionieren. In den vergangenen Jahren und in früheren Jahrzehnten gab es hier durchaus dubiose Machenschaften, und dubiose Marktteilnehmer haben das Bild hier auch irgendwie geprägt. In den letzten Jahren hat eine gewaltige Professionalisierung der Live-Branche eingesetzt, so dass mit Dingen wie Marktforschung gearbeitet wird und es werden Marktkooperationen gesucht, beispielsweise mit Plattenfirmen.

Experteninterview 5

Wie stark ist ihrer Meinung nach der Einfluss von Live-Musik auf das Hörverhalten und den Tonträgerkonsum der Konzertgänger?

E 5: Die Entscheidung, auf ein Konzert zu gehen bedeutet ja, dass es eine Entscheidung für eine bestimmte Musikrichtung ist, für die man ohnehin Interesse hat. In den meisten Fällen wird es sicher so sein, dass aufgrund des Konzertes die Musik öfters gehört wird. Es gibt bestimmt auch die ein oder andere Ausnahme, bei der der Besuch von Live-Musikveranstaltungen zur Ablehnung einer bestimmten Gruppe oder Musikrichtung führt und praktisch das Gegenteil passiert, was bei den meisten anderen Konzerten bewirkt wird. Im Großen und Ganzen denke ich jedoch, dass ein Live-Konzert einen positiven und wichtigen Einfluss auf das Hörverhalten der Konsumenten hat.

Was denken sie, was die Ursache für die positive Umsatzentwicklung der Live-Musikbranche in den letzten Jahren ist?

E 5: Ich muss gestehen, dass ich das nicht weiß. Wir haben keine eigenen Daten und auch keine eigene Marktforschung, was Preis- und Mengenentwicklungen von Konzertkarten anbelangt. Ich beobachte, dass es eine Reihe von sehr hochpreisigen Konzerten gibt, die ausgesprochen gut besucht sind, so dass es bestimmt einen Preiseffekt bei der Umsatzsteigerung gibt. Ob und wie stark diese Umsatzentwicklung durch einen Mengeneffekt unterstützt wird, kann ich nicht beurteilen. Nach meiner ganz persönlichen Einschätzung besteht allerdings eine Tendenz zur verstärkten Nutzung von Live-Angeboten. Das hat wohl auch damit zu tun, dass die Konzertaktivitäten eher gestiegen sind.

Inwiefern gibt es bereits ein Zusammenwirken des Live-Musikmarktes und des Tonträgermarktes um die Absätze von Tonträgern zu steigern?

E 5: Also die Zusammenarbeit im Hinblick auf konkrete Projekte gibt es, jedoch betrifft das nicht alle Konzertveranstaltungen. Aber es betrifft Veranstaltungen, deren Gegenstand eine Darbietung ist, die komplementiert wird durch einen entsprechenden Tonträger, eine aktuelle Neuveröffentlichung oder eine Compilation. Es gibt jedoch sicher Möglichkeiten, diese Synergien effektiver und intensiver zu nutzen.

Orientiert man sich bei dem Vertrieb von Tonträgern am Stattfinden von Konzerten, und wenn ja, in welcher Weise?

E 5: Zu dem Marketingpaket eines Tonträgerherstellers gehört es dazu, dass eine Information gegeben wird, wo und wann eine Band auf Tour ist. Diese Art von Wechselwirkung zwischen lokalem Marketing in der Region, in der ein Konzert stattfindet und der Information des örtlichen Händlers über dieses Ereignis, mit der Aufforderung, sich das Konzert auch für eigene Marketingzwecke nutzbar zu machen und die entsprechenden Tonträger zu verkaufen, das findet statt. Teilweise werden auch die entsprechenden Plakate geliefert oder in den Werbemaßnahmen der Tonträgerhersteller wird gesondert auf die Konzertveranstaltung hingewiesen. Teilweise gibt es auch co-produzierte Anzeigenschaltungen zwischen dem örtlichen Handel und dem Konzertveranstalter.
Aber grundsätzlich könnte dies noch ausgebaut werden. Es finden ja auch Tonträgerverkäufe auf Konzerten statt. Das sehen nur die örtlichen Händler nicht so gerne. Man kann eben keinen Marktplatz auf einem Konzert eröffnen und jedem Händler erlauben, dort Tonträger zu verkaufen. Das geht beispielsweise allein aus Platzgründen nicht. Kleinere

Labels hingegen haben teilweise schon Verkaufsstände auf einigen Veranstaltungen, oder die Künstler selber. Es ist an sich ein sehr beachtliches und lukratives Zusatzgeschäft, auf einem Konzert Tonträger zu verkaufen.

Was halten sie von der Idee, ein Rabattsystem zu entwickeln, welches auf die Weise funktioniert, als dass man beim Kauf einer Konzertkarte einen Coupon bekommt, mit dem man einen bestimmten Nachlass auf einen Tonträger erhält – entweder vor oder nach dem Konzert im Handel, oder direkt auf dem Konzert?

E 5: Auf jeden Fall ist das eine gute Idee. Für mich ist hier jedoch weniger die Frage, ob dies effektiv und sinnvoll wäre. Das glaube ich nämlich sehr wohl. Die spannende Frage ist: Wer finanziert den Rabatt? Es geht hier letztlich um ein wirtschaftliches Kalkül, dass derjenige machen muss, der diesen Rabatt finanziert. Die Frage ist auch, ob dieser Rabatt so viel Wirkung hat, dass die Investition diesen Rabatt kompensiert oder idealerweise deutlich überkompensiert. Erst dann macht dies Sinn.

Denken sie, dass es sinnvoll wäre, die Zusammenarbeit zwischen Tonträger- und Live-Musikmarkt zu intensivieren mit der Intention, mehr Tonträgerverkäufe zu erzielen? Wenn ja, wie könnte diese Zusammenarbeit aussehen?

E 5: Es gibt keine Form der Zusammenarbeit, die nicht besser und effektiver gestaltet werden kann. Deswegen ist es ohnehin ein laufendes Thema in den Marketingabteilungen sowohl der Konzertveranstalter, als auch der Tonträgerhersteller, dieses Zusammenarbeiten effektiver und erfreulicher zu gestalten. Ich bin mir sicher, dass hier auch noch eine Menge Marketing-Phantasie entfaltet werden kann um neue Projekte zu starten. Dies ist sicherlich ein Thema, welches sich in Zukunft weiter entwickeln wird. Es mag immer noch einige Zufälle geben. Es wird noch zu viel dem Zufall überlassen.

Frage: Denken Sie, das es einen Einfluss von Live-Musikveranstaltungen auf das Hörverhalten und die Tonträgerkäufe der Konsumenten gibt? Wenn ja, wie äußert sich dieser?

Interview	Nummer	Paraphrase	Generalisierung	Reduktion
1	1	der darüber hinausgehende Anreiz, diese oder ähnliche Musik zu hören, kommt durchs Live-Konzert	Anreiz, diese oder ähnliche Musik zu hören	**K 1: positiver Einfluss auf das Hörverhalten** (1, 5, 6, 13, 14.)
1	2	der Konsument wird motiviert sein, sich mit dem Künstler näher zu beschäftigen	Motivation, sich mit dem Künstler näher zu beschäftigen	**K 2: stärkere Bindung zum Künstler** (2, 8, 10, 11)
1	3	und auch, entsprechende Tonträger zu kaufen	Anreiz, entsprechende Produkte zu kaufen	**K 3: positiver Einfluss auf den Tonträgerkonsum** (3, 4, 9, 12.)
1	4	das Konzert ist ein Werbemedium für Tonträger des Künstlers und weiterer Tonträger	Konzert als Werbemedium für Tonträger	**K 4: Abhängig von der Live-Qualität des Künstlers** (7)
2	5	Ich bin fest davon überzeugt, dass wenn Leute eine Band live erlebt haben und sie davon begeistert sind, sich dementsprechend auch die Platte öfter anhören	hören sich die Platte öfter an, wenn Begeisterung vom Konzert	
2	6	sehr starker Einfluss auf das Hörverhalten	sehr starker Einfluss auf das Hörverhalten	
3	7	hängt von der Live-Qualität des Künstlers ab	Abhängig von Live-Qualität des Künstlers	
3	8	Live festigt Fandom!	Live-Konzerte festigen Fangemeinden	
4	9	Einfluss von Live-Konzerten auf das Konsumverhalten ist nachhaltig	Einfluss auf Konsumverhalten ist nachhaltig	
4	10	vermag der Konsument die Bindung zu seinem Künstler zu intensivieren	vermag Bindung zum Künstler zu intensivieren	
4	11	Kann mittel- und langfristig zu einem sehr stabilem Fan-Verhältnis führen	kann zu stabilem Fan-Verhältnis führen	
4	12	und damit auch zu einem Mehr an Tonträgerkäufen führen	Kann zu mehr Tonträgerkäufen führen	
5	13	In den meisten Fällen wird die Musik aufgrund des Konzertes sicher öfter gehört	die Musik wird aufgrund des Konzertes zumeist öfter gehört	
5	14	Ein Live-Konzert hat einen positiven und wichtigen Einfluss auf das Hörverhalten der Konsumenten	sehr starker Einfluss auf das Hörverhalten	

Frage: Gibt es ein Zusammenwirken des Tonträger- und des Live-Musikmarktes um die Absätze von Tonträgern zu intensivieren? Wenn ja, inwiefern?

Interview	Nummer	Paraphrase	Generalisierung	Reduktion
1	1	das gibt es viel zu wenig	viel zu wenig	**K 1: ja, aber in zu geringem Maße** (1, 2)
1	2	Konzertgänger sind ideale Plattenkonsumenten, werden aber viel zu selten von den Plattenfirmen angesprochen	viel zu wenig	**K 2: Es gibt den Versuch, sich gegenseitig zu helfen** (3) **K 3: Nein, es gibt kein Zusammenwirken** (4)
2	3	Die beiden Märkte versuchen schon, sich gegenseitig zu helfen	Versuch, sich gegenseitig zu helfen	**K 4: Es gibt Ansätze für ein Zusammenwirken** (5, 7, 8)
3	4	Beide Märkte sind fast vollständig voneinander entkoppelt	Vollständige Entkoppelung beider Märkte	**K 5: Eine Zusammenarbeit gibt es eher bei kleinen Künstlern** (6)
4	5	Es gibt Ansätze für ein Zusammenarbeiten von Konzertveranstaltern und Tonträgerfirmen	Ansätze für ein Zusammenwirken	
4	6	Das ist umso intensiver, je kleiner der Künstler ist	Je kleiner der Künstler, desto eher Zusammenarbeit	
4	7	Das sind Einzelaktionen. Von einem generellen Arbeiten Hand in Hand kann man noch nicht sprechen	Ansätze für ein Zusammenwirken	
5	8	die Zusammenarbeit im Hinblick auf konkrete Projekte gibt es, jedoch betrifft dies nicht alle Konzertveranstaltungen	Zusammenarbeit, jedoch nicht auf allen Konzerten	

Frage: Orientiert man sich bei dem Vertrieb von Tonträgern bereits an dem Stattfinden von Konzerten? Wenn ja, inwiefern?

Interview	Nummer	Paraphrase	Generalisierung	Reduktion
1	1	Das wird in der Regel getan, aber oft nicht im richtigen Ausmaß	In der Regel ja, aber oft nicht im richtigen Ausmaß	**K 1: Ja, aber mit Einschränkung** (1, 8)
1	2	Der Tourneeveranstalter gibt in der Regel die Konzertdaten an die Plattenfirma durch. Die Plattenfirma gibt diese Daten an den Vertrieb weiter, der dafür sorgt, dass die Tonträger in den Läden der Städte vorhanden sind, wo das Konzert stattfindet	Informationskette zwischen Tourneeveranstalter, Plattenfirma und Vertrieb über das Stattfinden von Konzerten, damit die Tonträger in den Läden der Städte vorhanden sind, wo das Konzert stattfindet	**K 2: Verkauf von Tonträgern im örtlichen Handel aufgrund von Informationen der Konzertveranstalter über das Stattfinden von Konzerten** (2, 7)
2	3	Man guckt schon, dass, wenn ein Konzert stattfindet, es auf dem Merchandise auch die Tonträger gibt	Tonträgerverkäufe auf Konzerten	**K 3: Verkauf von Tonträgern auf dem Konzert** (3, 4, 5, 9) -
3	4	Selbstredend versucht man die Konzerte auch als Absatzkanal zu nutzen	Tonträgerverkäufe auf Konzerten	**K 4: Aktivitäten der Händler sind weitestgehend die Ausnahme** (6)
4	5	Die Plattenfirmen selber greifen auf dem Konzert nicht ein. Wenn auf Konzerten Tonträger verkauft werden, dann direkt vom Management des Künstlers	Tonträgerverkäufe auf Konzerten	
4	6	Aktivitäten der Händler sind weitestgehend die Ausnahme	Aktivitäten der Händler sind weitestgehend die Ausnahme	
5	7	Zu dem Marketingpaket eines Tonträgerherstellers gehört es dazu, dass eine Information gegeben wird, wo und wann eine Band auf Tour ist. Diese Information wird an den örtlichen Händler weiter gegeben mit der Aufforderung, sich das Konzert auch für eigene Marketingzwecke nutzbar zu machen und die entsprechenden Tonträger zu verkaufen	Informationskette zwischen Tourneeveranstalter, Plattenfirma und Vertrieb über das Stattfinden von Konzerten, damit die Tonträger in den Läden der Städte vorhanden sind, wo das Konzert stattfindent	
5	8	grundsätzlich könnte dies noch ausgebaut werden	könnte noch ausgebaut werden	
5	9	Es finden ja auch Tonträgerverkäufe auf Konzerten statt	Tonträgerverkäufe auf Konzerten	

Interview	Nummer	Paraphrase	Generalisierung
1	1	Dem Tonträgermarkt ist einfach noch nicht bewußt, wie viel mehr Verkaufszahlen sich erreichen ließen durch eine konsequente Nutzung der Synergien mit dem Live-Markt	Der Tonträgermarkt kann mehr Verkaufszahlen erzielen durch Nutzung der Synergien mit dem Live-Markt
1	2	Ich verstehe nicht, warum die Tonträgerbranche nicht auf die Idee kommt, mit den Konzertveranstaltern zu reden	Die Tonträgerbranche sollte mit den Konzertveranstaltern kommunizieren
1	3	und z.B. zu fragen, ob sie auf einem Konzert Handzettel verteilen	Handzettel verteilen auf dem Konzert
1	4	und Werbung für ähnlich gelagerte Produkte machen können.	Werbung machen für ähnlich gelagerte Produkte auf dem Konzert
1	5	zu einer bestimmten Tournee einen Link auf die Website des Konzertveranstalters machen, um auf diese Weise ähnliche Produkte zu verkaufen	zu einer bestimmten Tournee einen Link auf die Website des Konzertveranstalters machen
1	6	den Leuten auf einem Konzert Produktinformationen geben über Leinwände	den Leuten auf einem Konzert Produktinformationen über Leinwände zu geben
1	7	über Musikeinspielungen	über Musikeinspielungen
1	8	über Give-Aways	über Give-Aways
1	9	gemeinsame Websites, auf denen der Konzertveranstalter in der Anzeige bestimmte Produkte mit abbildet	gemeinsame Websites, auf denen der Konzertveranstalter in der Anzeige bestimmte Produkte mit abbildet
1	10	Bis heute gibt es keine gemeinsame Sprache	Es gibt keine gemeinsame Sprache
2	11	Auf jeden Fall ist das sinnvoll	Das ist sinnvoll
2	12	Ideen gibt es ganz viele, nur müssen die auch in das existierende "Regelwerk" passen, ansonsten kann ein Zusammenwirken nicht umgesetzt werden	Ideen können nur umgesetzt werden, wenn sie existierenden Vorschriften gerecht werden
3	13	Das ist schwierig	Das ist schwierig
3	14	weil wir hier über Märkte reden, die zwar mit einem ähnlichen Gut, aber sehr unterschiedlichen Mentalitäten arbeiten	zwei Märkte mit verschiedenen Mentalitäten
4	15	Das kann man mit einem ganz klaren "ja" beantworten	Ja
4	16	In Amerika ist das Live-Konzert gleichzeitig ein Verkaufsplatz. Wenn sich nun auch die deutschen Plattenfirmen in dieses Live-Geschäft begeben und dort mitarbeiten, nutzen sie auch die Chance, näher an den Konsumenten heranzukommen und dementsprechend auch in die Lage zu kommen, deren Bedürfnisse ein bißchen besser abdecken zu können	Plattenfirmen sollten sich in das Live-Geschäft begeben
4	17	Es sollte auch ein Konzertveranstalter ein Interesse daran haben, nicht nur Tickets zu verkaufen, sondern dass der Künstler auch auf der Tonträgerseite seine Erfolge erzielt	Auch Konzertveranstalter sollten ein Interesse haben, dass Tonträger verkauft werden
4	18	gibt es aber auch Schwierigkeiten auf Grund der unterschiedlichen Unternehmenskulturen.	zwei Märkte mit verschiedenen Mentalitäten
5	19	Es gibt keine Form der Zusammenarbeit, die nicht besser und effektiver gestaltet werden kann und es gibt hier noch eine Menge Marketing-Phantasien	die Zusammenarbeit kann besser und effektiver gestaltet werden

Reduktion

K 1: Ja, es ist sinnvoll (1, 11, 15, 19)

Umsetzung durch:
Kommunikation zwischen Tonträgerbranche und Konzertveranstaltern (2)
- Verteilen von Handzetteln auf dem Konzert (3)
- Werbung für Produkte ähnlicher Künstler auf dem Konzert (4)
- gemeinsame Nutzung von Websites zur Vermarktung von Produkten (5, 9)
- Produktinformationen über Leinwände (6)
- Produktinformationen über Musikeinspielungen auf dem Konzert (7)
- Produktinformationen über Give-Aways (8)
- Einbringen der Plattenfirmen in das Live-Geschäft (16)
- Einbringen der Konzertveranstalter in das Tonträgergeschäft (17)

K 2: Das ist schwierig (13)

Aufgrund von:
- verschiedenen Mentalitäten der beiden Märkte (10, 14, 18)
- existierenden Vorschriften (12)

Frage: Was halten Sie von der Idee, ein Rabattsystem zu entwickeln, was in dem Sinne funktioniert, als dass man bei dem Kauf einer Konzertkarten einen Coupon bekommt, mit dem man einen bestimmten Nachlass auf einen Tonträger erhält, entweder vor oder nach dem Konzert im Handel, oder direkt auf dem Konzert?

Interview	Nummer	Paraphrase	Generalisierung	Reduktion
1	1	Ich glaube, dies ist eine gute Idee	Eine gute Idee	**K 1: Das ist eine gute Idee** (1, 3, 9, 13)
1	2	exzellente Maßnahme für Bands, die nicht "hip" sind und sich im mittelgroßen Bandsegment befinden	Exzellente Maßnahme für Bands im mittelgroßen Segment	**K 2: Das ist eine exzellente Maßnahme für Bands im mittelgroßen Segment** (2)
2	3	Die Idee ist gut	Eine gute Idee	**K 3: Das ist bestimmt umsetzbar** (4, 11)
2	4	und bestimmt auch umsetzbar	bestimmt umsetzbar	**K 4: Es stellt sich die Frage, wer den Rabatt finanziert** (5, 10,
2	5	die Frage ist, wie so etwas abgerechnet wird	Es stellt sich die Frage, wie dies abgerechnet wird	**K 5: Das würde sich nur mit bekannten Künstlern realisieren lassen** (6)
2	6	Das würde sich jedoch sicher nur mit bekannten Künstlern umsetzen lassen. Sonst würde das der Handel nicht mitmachen, weil es viel zu aufwendig ist. Es ist schließlich jedes Mal ein buchhalterischer Vorgang und die Frage, wie man das im Kassensystem umsetzt	Umsetzung nur mit bekannten Künstlern, weil es für den Handel sonst viel zu aufwendig ist	**K 6: Das wäre einfacher umsetzbar über Amazon** (7, 12) **K 7: Das wäre viel zu kompliziert** (8) **K 8: Es stellt sich die Frage, inwiefern die Investition über den Rabatt kompensiert werden kann** (15)
2	7	Bei Amazon wäre so etwas bestimmt einfacher	Einfacher umsetzbar über Amazon	
3	8	Das wäre viel zu kompliziert, weil Plattenfirma, Veranstalter und lokaler Veranstalter drei unterschiedliche Firmen in divergenten Geschäftsfeldern sind	Das wäre viel zu kompliziert, weil die Plattenfirma, der Veranstalter und der lokaler Veranstalter drei unterschiedliche Firmen in divergenten Geschäftsfeldern sind	
4	9	Ich halte das für eine ganz hervorragende Idee, zumal sowohl die Plattenfirmen, als auch der Einzelhandel einiges davon haben	Eine hervorragende Idee, zumal sowohl die Plattenfirma, als auch der Einzelhandel davon profitieren	
4	10	Es wird nur die Frage bestehen, wer für diesen Rabatt aufkommt. Wird der Rabatt dem Händler abgezogen, oder kommen die Plattenfirmen dafür auf?	Es besteht die Frage, wer für den Rabatt aufkommt	
4	11	Ich denke, das kann auf alle Fälle funktionieren	bestimmt umsetzbar	
4	12	Vielleicht könnte man das ja auch über Amazon mit Hilfe einer Gutscheinnummer abwickeln	Einfacher umsetzbar über Amazon	
5	13	Auf jeden Fall ist das eine gute Idee	Eine gute Idee	
5	14	Die spannende Frage ist: Wer finanziert den Rabatt?	Es stellt sich die Frage, wer für diesen Rabatt aufkommt	
5	15	Die Frage ist auch, ob dieser Rabatt so viel Wirkung hat, dass die Investition diesen Rabatt kompensiert oder idealerweise deutlich überkompensiert. Erst dann macht es Sinn.	Es stellt sich die Frage, ob dieser Rabatt so viel Wirkung hat, dass die Investition diesen Rabatt kompensiert oder idealerweise deutlich überkompensiert	